SARAH KESHTKARAN

FRAUEN, DIE KEINEN PUNKT MACHEN,
WO GOTT EIN KOMMA SETZT.

EINE EINLADUNG ZU MUTIGER
WEIBLICHKEIT

SARAH KESHTKARAN

Frauen, die keinen Punkt machen, wo Gott ein Komma setzt.

EINE EINLADUNG ZU MUTIGER
WEIBLICHKEIT

SCM

Hänssler

SCM

Stiftung Christliche Medien

SCM Hänssler ist ein Imprint der SCM Verlagsgruppe, die zur Stiftung
Christliche Medien gehört, einer gemeinnützigen Stiftung, die sich für die
Förderung und Verbreitung christlicher Bücher, Zeitschriften,
Filme und Musik einsetzt.

© 2018 SCM Hänssler in der SCM Verlagsgruppe GmbH
Max-Eyth-Straße 41 · 71088 Holzgerlingen
Internet: www.scm-haenssler.de; E-Mail: info@scm-haenssler.de

Umschlaggestaltung: Kathrin Spiegelberg, Weil im Schönbuch
Titelbild: Liliya Rodnikova / Stocksy.com
Rückseitenbild: Annie Spratt / unsplash.com
Autorenfoto Sarah Keshtkaran: Papik Manukian
Innenseitengestaltung: Adrian Pourkian, Hamburg
Druck und Bindung: Finidr s.r.o.
Gedruckt in Tschechien
ISBN 978-3-7751-5869-5
Bestell-Nr. 395.869

Inhalt

Prolog

Frauen stehen in einem ständigen Spannungsfeld. Unser Rollenbild hat sich in den letzten hundert Jahren so häufig geändert, dass wir oft gar nicht mehr wissen, was es eigentlich bedeutet, weiblich zu sein. Ein feministischer Account auf Instagram[1] teilte mir voller Begeisterung mit, dass es jetzt endlich eine Barbie mit Kopftuch gäbe. Mein Kopf ist voller Fragen: Ist das ein Grund zu feiern? Ist ein Kopftuch zu tragen, jetzt wirklich schon ein Zeichen der Freiheit? Für mich war es bisher ein Ausdruck von Unfreiheit, wenn nicht sogar Unterdrückung. Was genau bedeutet es eigentlich heutzutage, Feministin zu sein? Alles gut zu finden, was anders ist? Was bedeutet denn »feminin« für uns? Wofür steht es? Und wofür stehen wir Frauen? Was macht uns aus?

Voller Verunsicherung blicken wir in die Zukunft und fragen uns, wie wir Weiblichkeit erfüllend und befreit leben können. Nicht selten gießen die Antworten, die uns die Kirche gibt, zunächst noch Benzin ins Feuer unserer Verzweiflung, denn viel zu häufig bestehen ihre Aussagen aus einzelnen

SO HAT UNS *Christus* ALSO WIRKLICH BEFREIT. SORGT NUN DAFÜR, DASS IHR *frei* BLEIBT, UND LASST EUCH NICHT WIEDER UNTER DAS GESETZ *versklaven.*

GALATER 5,1

Bibelzitaten, deren wirkliche Botschaft man erst im Kontext der Geschichte verstehen kann.

Die meisten Frauen haben ständig das Gefühl, ihren eigenen und fremden Ansprüchen nicht gerecht zu werden. Auf der einen Seite überfordern wir die Männer und Kirchen um uns herum mit unserem modernen Selbstbewusstsein, unserer Kompetenz und unserem Verantwortungsbewusstsein. Und auf der anderen Seite zweifeln wir ständig an uns, vergleichen uns miteinander und haben doch immer den Eindruck, all unsere Leistung sei nie genug. Je nach Persönlichkeit tendiert wahrscheinlich jede von uns in die eine oder die andere Richtung. Bei mir persönlich fällt die Beurteilung in jedem Lebensbereich anders aus. So hatte ich zum Beispiel schon als Teenager das Gefühl, ich sei irgendwie zu viel für meine Kirche und meine Familie. Ich stellte alles, was ich sah, infrage und hatte eine unbändige Energie, Dinge in die Hand zu nehmen und zu verändern – doch immer wieder überforderte ich damit Menschen, besonders Männer. Heute haben ich oft den Eindruck, dass ich keiner meiner Aufgaben wirklich gerecht werde und dass alles, was ich bin und tue, nie wirklich genug ist. Ich schreibe zwar ein Buch, aber es ist nicht so gut wie das meiner Vorbilder. Ich bin zwar Mutter von zwei wundervollen Kindern, aber ich habe nie genug Zeit für sie. Ich liebe zwar meinen Beruf, doch meine zeitliche Kapazität, Überstunden zu leisten und wirkliches Engagement zu zeigen, steht immer hinter der von meinen kinderlosen Kolleginnen zurück.

Diese ständige Unzufriedenheit und Verunsicherung in der Spannung zwischen »zu viel« und »nie genug« kann wie ein Gefängnis werden. Aus Angst, etwas falsch zu machen, verharren wir in Schockstarre oder leben unsere Berufung nur noch gemäßigt, um niemanden zu überfordern. Doch wir sind zu einem Leben in Freiheit berufen, in dem wir unsere Bestimmung frei und mutig und ohne Schuldgefühle leben.

> *So hat uns Christus also wirklich befreit. Sorgt nun dafür, dass ihr frei bleibt, und lasst euch nicht wieder unter das Gesetz versklaven.*
>
> Galater 5,1

Ich bete, dass wir Frauen werden, die keinen Punkt machen, wo Gott ein Komma setzt. Oft suchen wir – in unserer Sehnsucht nach Identität und einem klaren Rollenverständnis – Zuflucht in sehr stigmatisierten Beschreibungen von Frauen: Frauen sind emotional. Mütter sind Hausfrauen. Karrierefrauen sind benachteiligt. Feministinnen sind stark. Aber was, wenn Gott da gar keinen Punkt macht? Was wäre, wenn Frauen emotional, reflektiert, kompetent, rational und einfühlsam sind? Was, wenn Mütter Hausfrauen, selbstständig, berufstätig und attraktiv sind? Was, wenn Karrierefrauen sanft, feminin, stark, fähig und intelligent sind? Was, wenn Feministinnen stark, verletzlich, hilflos, willensstark und leidenschaftlich sind? Was, wenn da viel mehr Vielfalt und Freiheit ist, als wir geahnt haben? Was wäre, wenn wir uns selbst entscheiden dürften?

Freiheit ist das Thema dieses Buchs. Aber braucht die Welt noch ein weiteres Buch über Frauen? Ich weiß nicht, ob *die Welt* dieses Buch braucht. Aber ich weiß, dass *ich* es brauche. Eines Abends saß ich bei meinem Mann auf der Bettkante und sagte: »Wenn es wahr ist, dass Frauen nicht leiten und

predigen sollen, dann muss sich ab morgen mein ganzes Leben ändern. Und wenn Frauen Männern gehorchen sollen, dann müssen sich die Entscheidungsprozesse in unserer Familie ab sofort ändern.«

Wie die Mitarbeit in Gemeinden aussehen kann, ist vermutlich eine Frage, die sich jeder Christin einmal stellt. Und die Frage nach der Rolle der Frau in der Ehe betrifft ja längst nicht nur verheiratete Frauen, sondern ist viel größer, da ihr ein bestimmtes Menschenverständnis zugrunde liegt. Keine Frau sollte ihr Leben in diesen Bereichen auf unbeantworteten Fragen aufbauen! Ich hoffe, dass ich dir mit diesem Buch eine Anregung schenken kann, um Antworten auf diese und andere Fragen zu finden.

Außerdem möchte dieses Buch infrage stellen, was diese Welt uns oft so selbstverständlich über unsere Identität und unseren Wert sagt. Ist jetzt wirklich das Zeitalter der Frauen angebrochen? Ist der kämpferische Feminismus die richtige Antwort auf die ungerechte Behandlung von Frauen? Wie gehen wir mit der Spannung zwischen Karriere und Familie um? Ist es die Angst vor Bindung und Abhängigkeit, die die Scheidungsraten in die Höhe treibt? Welche Rolle spielen unser Körper und unsere Sexualität in all dem? Und was ist mit den Frauen außerhalb unserer Landesgrenzen? Was ist mit denen, die keine Stimme haben, um über ihre Träume Bücher zu schreiben und für ihre Rechte einzustehen?

Vielleicht kennst du diese Fragen und spürst wie deine Seele sich nach Freiheit und Antworten sehnt – und doch hältst du die Worte in diesem Buch noch auf Distanz. Zur Sicherheit hast du dir gesagt: »Ich lese jetzt ein Buch über starke Frauen«, und vor deinem inneren Auge stehen Frauen, die du kennst und bewunderst. Mutige, leitende, selbstbewusste Frauen, die ein so anderes Leben leben als du. Du selbst bist in deinen Augen nur gewöhnlich. Eine ganz normale Frau, vielleicht nicht einmal unglücklich. Vielleicht hast du dich mit deiner Normalität gut arrangiert und bist größtenteils zufrieden. Und doch hältst du dieses Buch in deinen Händen, weil deine Seele leise fragt: »Ist da vielleicht noch mehr? Kann ich hier Freiheit finden?« Ich bete, dass du sie findest! Ich bete, dass dich die nächsten Seiten ermutigen, stärken und dir vor Augen malen, welch einzigartige und große Bestimmung Gott dir als Frau geschenkt hat. Denn dieses Buch kann mehr sein als ein Buch über starke Frauen. Das hier kann ein Buch über *dich* sein – und ein Buch über die Freiheit, die noch vor dir liegt.

Dies ist kein Buch für besonders begabte, mutige, starke, perfekte, gut aussehende, selbstbewusste Frauen. Es ist ein Buch für uns alle, denn keine von uns ist perfekt, und dennoch sind wir alle zu Großem berufen. Ich möchte gleich zu Anfang eine meiner Lieblingsstellen der Bibel mit dir teilen. Auf den ersten Blick ist es eine der langweiligsten Passagen der Bibel, aber ich verspreche, dass darin etwas unglaublich Ermutigendes steckt! Es ist der Stammbaum von Jesus:

Dies ist ein Verzeichnis der Vorfahren von Jesus Christus, einem Nachkommen des Königs David und Abrahams: Abraham war der Vater von Isaak. Isaak war der Vater von Jakob. Jakob war der Vater von Juda und seinen Brüdern. Juda war der Vater von Perez und Serach (ihre Mutter war Tamar). Perez war der Vater von Hezron. Hezron war der Vater von Ram.

Ram war der Vater von Amminadab. Amminadab war der Vater von Nachschon. Nachschon war der Vater von Salmon. Salmon war der Vater von Boas (seine Mutter war Rahab). Boas war der Vater von Obed (seine Mutter war Rut). Obed war der Vater von Isai. Isai war der Vater von König David. David war der Vater von König Salomo (seine Mutter war Batseba, die Witwe Urias). Salomo war der Vater von Rehabeam. Rehabeam war der Vater von Abija. Abija war der Vater von Asa. Asa war der Vater von Joschaphat. Joschaphat war der Vater von Joram. Joram war der Vater von Usija. Usija war der Vater von Jotam. Jotam war der Vater von Ahas. Ahas war der Vater von Hiskia. Hiskia war der Vater von Manasse. Manasse war der Vater von Amon. Amon war der Vater von Josia. Josia war der Vater von Jojachin und seinen Brüdern (die in der Zeit des babylonischen Exils geboren wurden). Nach dem babylonischen Exil: Jojachin war der Vater von Schealtiël. Schealtiël war der Vater von Serubbabel. Serubbabel war der Vater von Abihud. Abihud war der Vater von Eljakim. Eljakim war der Vater von Asor. Asor war der Vater von Zadok. Zadok war der Vater von Achim. Achim war der Vater von Eliud. Eliud war der Vater von Eleasar. Eleasar war der Vater von Mattan. Mattan war der Vater von Jakob. Jakob war der Vater von Josef, dem Ehemann Marias. Maria war die Mutter von Jesus, der Christus genannt wird.

Matthäus 1,1-16

Das sind viele nichtssagende aneinandergereihte Namen ohne tieferen Sinn, könnte man denken. Aber dem ist nicht so! Die erste Revolution dieses

Textes sind die fünf Namen von Frauen. Zu der Zeit, als der Text geschrieben wurde, hatten Frauen keine Bedeutung und erst recht keine Stimme in der Gesellschaft. Aber Gott hat das schon immer anders gesehen und fand deshalb einen mutigen Mann, der diese bedeutungsvollen Frauen Name für Name in die Bibel hineinschrieb. Denn für Gott zählen sie! In seinen Augen sind sie wichtig. Er will sie in seinem persönlichen Stammbaum. Wer denkt, Gott habe die schiefen Rollenbilder unserer Gesellschaft erfunden, irrt und trifft in diesen Bibelversen einen Gott, der Frauen deutlich mehr Rechte und Bedeutung einräumt als die Gesellschaft, in der sie damals lebten.

Aber das ist längst nicht alles. Noch spannender ist, wer diese Frauen waren, denn es waren nicht die Königinnen, nicht die perfekt wirkenden Frauen der Pharisäer und Schriftgelehrten. Es waren nicht die frommen und angepassten Töchter der Priester. Die Namen, die Gott hier nennt, sind nicht die von perfekten, selbstbewussten, heiligen und frommen Frauen. Er beruft die ganz normalen Frauen, die viele Fehler machen, und schreibt mit ihnen seine Geschichte.

Tamar[2] verkleidete sich als Hure und schlief mit ihrem Schwiegervater. *Rahab*[3] verkleidete sich nicht nur als Prostituierte, sie war tatsächlich eine. *Ruth* war eine Migrantin, die sich aus Angst vor Armut und Einsamkeit nachts heimlich ins Bett ihres zukünftigen Mannes legte. Die *Witwe des Uria* hieß *Batseba*. David schlief mit ihr, während ihr Mann im Krieg war, und sie wurde von ihm schwanger. *Maria* war ein normales junges, unverheiratetes Mädchen. Wahrscheinlich im Teenageralter. Sie wurde als krönender Abschluss der Frauen in den Stammbaum von Jesus gewählt. Sie, ein ganz normales

Mädchen, sollte unperfekt und unter widrigsten Umständen und der Verachtung der Gesellschaft das einzige perfekte Wesen der Geschichte zur Welt bringen: Jesus. Gottes Sohn. An Zufälle glaube ich nicht. Gott wählte Maria aus und all die anderen Frauen vor ihr im Stammbaum von Jesus ebenfalls. Mit ihnen wollte er Geschichte schreiben, nicht weil sie perfekt waren, sondern weil Gott gnädig ist.

Die Frage ist deshalb nicht, ob du oder ich stark, fromm, perfekt oder gut genug sind. Es geht einzig und allein darum, ob wir bereit sind, uns als Frauen auf die Bestimmung einzulassen, die Gott uns in seiner Geschichte zugeschrieben hat. Sicher sind wir nicht alle Prostituierte oder Ehebrecherinnen, und nur wenige von uns wurden mit vierzehn unehelich schwanger – erst recht nicht vom Heiligen Geist. Doch was ich aus den Geschichten dieser Frauen lese, ist, dass Gott mit jeder von uns Geschichte schreibt. Mit den Guten und mit den Bösen. Mit den Mutigen und den Ängstlichen, den Schwachen und den Starken, den Konservativen und den Modernen. Wenn Gott sich entscheidet, mit Batseba, Ruth, Tamar, Rahab und Maria Geschichte zu schreiben – dann auch mit dir und mir. Die Frage ist, ob wir bereit sind, uns auf das volle Ausmaß unserer Berufung und Bestimmung einzulassen, und mutig – wenn auch manchmal mit zitternden Knien – auf das zugehen, was unsere Zukunft für uns bereithält.

Eins

Hallo Eva:
Frauen der
Geschichte

Wie prägen uns Sündenfall,
Feminismus und traditionelle
Theologie heute?

———

UNSERE GESCHICHTE

Ich wünsche mir oft, ein unbeschriebenes Blatt zu sein. Ganz frei und ungebunden durchs Leben zu gehen. Häufig wundere ich mich darüber, wie ich immer wieder automatisch in Verhaltensweisen falle, von denen ich mir als Teenager geschworen hatte, sie niemals zu übernehmen. Doch plötzlich in meinem Alltag ploppen sie auf. Worte, die ich nicht bewusst gewählt habe, verlassen meinen Mund, und Gefühle, die ich nicht erklären kann, nehmen mich ein. Manchmal, wenn ich mit meinen Kindern spreche, höre ich meine Mutter reden. Aus meinem Mund. Und ich freue und erschrecke mich gleichzeitig. Darf ich dieses kostbare Erbe weitergeben? Bin ich doch nur ein kleines vorgeprägtes Rad im großen System der Geschichte?

Im Gespräch mit meinen Eltern höre ich, dass es ihnen genauso geht. Meine Großeltern erlebten dieses Phänomen ebenfalls am eigenen Leibe. Man gibt weiter, was man von seinen Vorfahren gelernt hat. Und die wieder von ihren. Niemand von uns existiert unabhängig von seiner Geschichte. Alles hängt zusammen. Wir müssen nur hinhören. Ich dachte zu Beginn der Arbeit an diesem Buch, das Kapitel über unsere Geschichte sei eine nützliche und notwendige Übung, wichtig für die folgenden Kapitel, aber ehrlich gesagt, fand ich das Thema etwas langweilig. Im Nachhinein merke ich, dass es alles andere als langweilig ist. Es scheint mir, als wäre der Blick in unsere Vergangenheit der Schlüssel zum Blick in unsere Zukunft. Indira Gandhi sagte: »Die Geschichte ist der beste Lehrer mit den unaufmerksamsten Schülern.« Was mich betrifft, hat sie recht. Ich hörte im Geschichtsunterricht nur Zahlen und Fakten, die es galt, auswendig zu lernen. Doch heute höre ich mehr. Heute höre ich hin. Ich höre unsere Vorfahren, die Menschen, die vor uns gingen, wie sie ein Lied von unserer Zukunft singen. Ein Lied, das immer da war und nur vergessen wurde.

Adam und Eva können uns helfen zu verstehen, welche Sehnsucht in unseren Herzen schlummert. Ein Blick hinter die Kulissen des Feminismus und in die Realität unserer Kirchen kann uns helfen, die Realität durch die Brille unserer Vergangenheit zu sehen, um ein Bild von der Zukunft zu malen.

AM ANFANG

Am Anfang schuf Gott … dort beginnt die Geschichte. »… als Mann und Frau schuf er sie« (1. Mose 1,27), heißt es am Anfang der Bibel. Und mit diesen Worten und dem zweiten Schöpfungsbericht in Kapitel 2 beginnt der Streit. Adam sei zuerst geschaffen worden, und in der Bibel hat das Erste immer eine besonders wichtige Bedeutung, argumentieren die einen. Er sei eindeutig der Wichtigere von beiden. Die Gegner kontern, dass Adam ja nur aus Erde, Eva aber aus einem Menschen geschaffen worden sei. Ein Mensch sei wertvoller als Erde und somit sei Eva von Anfang an wertvoller. »Weit gefehlt!«, ruft die Gegenpartei, denn Eva habe die Frucht gegessen und das sei schließlich der Beginn allen Übels gewesen. Sie sei schuld daran, dass der Mensch heute nicht mehr im Paradies lebt, und damit, wie ein Theologe selbstgerecht formulierte, »der Steigbügel des Teufels«[4]. Die anderen halten dagegen, dass die Schöpfung sich von Akt zu Akt stets in ihrer Qualität steigerte. Alles wurde immer besser. Da Eva nach Adam geschaffen wurde und die Schöpfung erst nach *ihrer* Erschaffung »sehr gut« war, wird sie »die Krone der Schöpfung« genannt.

Der Streit tobt, nicht immer mit den gleichen – teilweise wenig geistreichen – Argumenten und doch immer mit der gleichen Frage: Wer von uns ist wichtiger? Auch wenn ich diese Diskussion hier etwas humorvoll vereinfacht habe, wird uns die Frage, die daraus resultiert, noch häufig begegnen.

Überraschen sollte uns dieser Streit eigentlich nicht, denn er wurde fairerweise beim Auszug aus den paradiesischen Zuständen angekündigt: »Du wirst dich nach deinem Mann sehnen, doch er wird über dich herrschen« (1. Mose 3,16). Aus diesen Worten leiten manche ab, dass der Mann über der Frau stehe. Doch hier wird keine gottgewollte Ordnung formuliert, sondern eine Beschreibung der Tatsachen der menschlichen Natur außerhalb der Gegenwart Gottes. Es wird in knappen Worten geschildert, dass Frauen sich nicht nur zu Männern hingezogen fühlen, sondern das Verlangen haben, Männer niederzumachen und von ihnen Besitz zu ergreifen. Und im Gegenzug wollen die Männer ebenfalls über die Frauen herrschen.[5] Ein scheinbar endloser Machtkampf. Damals und heute.

Diese Worte aus 1. Mose 3 sind der Beginn unserer Geschichte, aber noch lange nicht ihr Ende. Wie es weitergeht, steht unter anderem im Alten Testament der Bibel. Einige Texte berichten von der Erniedrigung der Frauen zu Objekten, und es scheint, als hätten die Männer den Kampf gewonnen. Zumindest für ein paar Jahrhunderte. Die Geburt eines Mädchens war im Israel des Alten Testamentes eine schlechte Nachricht für die Familie. Die Frau verbrachte ihre Kindheit und Jugend in Unterwerfung unter ihren Vater, der sie verkaufen konnte, um seine Schulden zu bezahlen, und der sie verheiraten konnte, mit wem er wollte. Sie erhielt keine Ausbildung und mit der Hochzeit wurde sie zum Eigentum ihres Ehemannes. Er besaß und kontrollierte sie zusammen mit seinen ganzen Besitztümern, seinem Haus, seinen Sklaven und Tieren. Ihre Hauptaufgabe war es, viele Söhne zu gebären und sich um den Haushalt zu kümmern.[6] Doch nur, weil das in der Bibel beschrieben wird, heißt das nicht, dass das so Gottes Wille war.

Erst als er selbst als Mensch auf die Erde kam, wurde sein Bild vom Wert und der Bestimmung der Frauen deutlicher. Jesus erinnerte sich nämlich an den Anfang: »So schuf Gott die Menschen nach seinem Bild (…) als Mann und Frau schuf er sie« (1. Mose 1,27). Adam bedeutet ursprünglich nicht Mann, sondern »Söhne und Töchter der Erde«[7]. Jesus wusste, dass wir durch ihn persönlich geschaffen wurden – als menschliches Abbild Gottes. In Form von Mann und Frau. In der Gemeinschaft mit Jesus und in seinem Beziehungsnetzwerk wird die Beziehung von Männern und Frauen neu definiert, Diskriminierungen fallen, und Würde wird wiederhergestellt. Wo Frauen jahrhundertelang keinen Zutritt zum Tempel – und damit keinen Zutritt zu Bildung und zu Gott – hatten, zerreißt der Vorhang. Frauen werden Mitglieder von Gottes Volk. Gott möchte sie in den Aufzählungen seines Stammbaums, Jesus verbringt Zeit mit ihnen und baut einen für damalige Verhältnisse revolutionären, gleichberechtigten Freundeskreis auf. Die absolute Gegenseitigkeit in den Beziehungen zwischen Mann und Frau, die auf Gleichheit der menschlichen Beschaffenheit und Gleichheit vor Gott basiert, ist eine von Jesus eingeführte Neuigkeit.[8] Was für eine Erleichterung da durch die ganze Schöpfung gefahren sein muss! Wenn die Frage danach, wer wichtiger ist, durch bedingungslose Liebe abgeschafft wird, ist das ein kleiner Ausblick auf den Himmel und die Freiheit, die wir dort erleben werden.

FEMINISMUS – EIN SCHIMPFWORT?

Doch Jesus war nicht der Einzige, der kam, um Frauen Rechte, Respekt und Wertschätzung entgegenzubringen. Jahrhunderte später traten die Frauenbewegungen auf die Bildfläche und so wurde kurz nach der Aufklärung der Feminismus geboren. Während ich diese Sätze schreibe, höre ich schon die ersten Kritiker, die mir mit Empörung in der Stimme entgegnen, wie ich dazu käme, Jesus und den Feminismus in einem Atemzug zu nennen! Besonders unter Christen habe ich häufig den Eindruck, »Feminismus« sei eher ein Schimpfwort als der Name einer Frauenrechtsbewegung.

Ich nenne Jesus und den Feminismus in einem Atemzug, weil ich dank-

bar für den Feminismus bin. Ohne die Frauen, die mutig für ihr Recht auf Erwerbstätigkeit, ihr Wahlrecht und ihr Recht auf Bildung eingetreten sind, hätte ich kein Abitur gemacht, nicht in England Theologie studiert und noch niemals eine Predigt gehalten. Ganz zu schweigen davon, dass ich höchstwahrscheinlich nicht selbstbestimmt Kinder bekommen hätte und niemals die Pille hätte nehmen dürfen. Abgesehen davon wären Missbrauch und Gewalt in der Ehe keine Straftat und ich dürfte ohne die Erlaubnis meines Mannes keinen Führerschein machen und kein Konto eröffnen. Danke, Henriette Goldschmidt, Louise Otto-Peters, Auguste Schmidt, Paula Müller-Otfried, Hedwig Dransfeld, Helene Weber, Helene Lange, Gertrud Bäumer, Minna Cauer und Anita Augspurg! Danke, Helke Sander, Sarah Schumann, Gisela Tuchtenhagen, Rebecca Walker und Alice Schwarzer. Ich bin in vielen Themen anderer Meinung als diese Frauen, und ich sehe einige Dinge am modernen Feminismus sehr kritisch – aber ich habe ihnen einen großen Teil meiner Freiheiten als Frau zu verdanken und würde ein ganz anderes Leben leben, wenn sie sich nicht für mich und die Frauen ihrer Zeit eingesetzt hätten.

Diese und viele andere Frauen waren an den drei Wellen des Feminismus von der Aufklärung bis heute beteiligt. Die erste Welle der feministischen Bewegung entstand parallel zur Anti-Sklaverei-Bewegung. Viele Abolitionistinnen stießen im Kampf gegen die Ungerechtigkeit zwischen den Rassen auf die Ungerechtigkeit zwischen den Geschlechtern. Ein großer Teil dieser Frauenrechtlerinnen hatte religiöse Motive und agierte aus einer tiefen christlichen Überzeugung heraus.[9] In der zweiten Hälfte des 19. Jahrhunderts wurde in Frankreich eine katholische Frauenbewegung gegründet, welche auch in Deutschland Ein-

Morgen
will noch
gelebt
werden.

fluss nahm und Frauen dazu ermutigte, sich für ihre Rechte einzusetzen. Christinnen gründeten den Allgemeinen Deutschen Frauenverein und kämpften für die Verbesserung der Bildungschancen, das Wahlrecht für Frauen und den Mutterschutz. Andere Gruppierungen forderten vor allem das Wahlrecht für Frauen und eine Reform des Ehe- und Besitzrechts.[10] Gegen Ende des 19. Jahrhunderts wurde dann der Begriff *Feminismus* geboren. Die darauf folgenden Weltkriege gaben den Frauen neue Rechte und Pflichten; plötzlich *wollten* sie nicht nur arbeiten, sondern sie *mussten* es, da ihre Männer und Brüder erst im Krieg und danach zum großen Teil krank oder nicht mehr am Leben waren. Die auf die Kriege folgenden politischen Unruhen trugen ihr Übriges dazu bei, dass in Deutschland 1919 das Frauenwahlrecht eingeführt wurde.

Doch mit den Wünschen und Rechten der Frauen wuchsen auch ihre Gegner. Hedwig Dohm schrieb dazu schon 1902: »Die Frauenfrage in der Gegenwart ist eine akute geworden. Auf der einen Seite werden die Ansprüche immer radikaler, auf der anderen die Abwehr immer energischer. Letzteres ist erklärlich. Je dringender die Gefahr der Fraueninvasion in das Reich der Männer sich gestaltet, je geharnischter treten ihr die Bedrohten entgegen.«[11] Die zweite Welle der Bewegung ist etwas wilder, differenzierter und undurchsichtiger. Gegen Mitte des 20. Jahrhunderts standen Frauen erneut auf: Motiviert von vielen anderen sozialen Bewegungen, wie die der Afroamerikaner in den USA, und den Protesten gegen den Vietnamkrieg kämpften Frauen erneut für ihre Rechte. Die Frauen setzten sich gegen eine große Vielzahl von Missständen wie Sexismus, Darstellung von Frauen in Pornos oder unfaire Löhne und für Themen wie Gender-Mainstream, die Rechte von Homosexuellen und die

Legalisierung des Schwangerschaftsabbruchs ein. Nun standen Themen wie die Abschaffung der hierarchischen Geschlechterordnung und Slogans wie »Mein Bauch gehört mir« zur Legalisierung von Abtreibung auf dem Aktionsplan. Es wurden Frauenzentren gegründet, autonome Frauenbewegungen entstanden und lesbische Frauen machten von nun an einen Großteil der Feministinnen aus.[12] So vermischte sich der Freiheitsdrang der 68er-Bewegung mit dem Wunsch nach Autonomie und Selbstbestimmung von Frauen.

Hier steige ich das erste Mal aus, denn obwohl ich nicht der Meinung bin, dass eine Frau, die nach einer Vergewaltigung eine Abtreibung vornehmen lässt, eine Freiheitsstrafe verbüßen sollte, bin ich doch eine entschiedene Gegnerin der Legalisierung von Abtreibung. Meiner Meinung nach hören die Rechte der Frauen da auf, wo sie die Rechte von anderen Menschen bewusst mindern, in diesem Fall das Recht auf Leben eines noch ungeborenen, schutzlosen Menschen.

Und dennoch bin ich nicht der Meinung, dass es längst an der Zeit gewesen wäre, dem Feminismus ein Ende zu setzen. Ich möchte keinen Punkt machen, wo Gott noch nicht am Ende ist und nur ein Komma setzt. Denn obwohl seit 1949 der Satz »Männer und Frauen sind gleichberechtigt« (Art. 3 Abs. 2) im Grundgesetz steht, werden Geschichten wie diese geschrieben: Eine Frau bekommt eine gute Stelle angeboten. Beim Einstellungsgespräch sagt ihr ihr neuer Chef: »Ich bin so froh, dass Sie da sind. Ich denke, ich bekomme den gleichen Grips für weniger Geld.« Noch schockierender als diese Aussage finde ich jedoch die Reaktion der Angestellten. Sie berichtet, sie habe sich geschmeichelt gefühlt. Es sei ein großes Kompliment für sie gewesen, dass ihr neuer Chef sie für genauso intelligent hielt wie einen Mann.[13] Diese Geschichte macht deutlich, dass es nach wie vor einen wesentlichen Unterschied zwischen Worten auf Papier – sei es auch das Papier des Grundgesetzes – und dem praktischen Leben gab.

Die dritte Welle des Feminismus begann etwa um 1990. Trotz Generationswechsel sind die Anliegen in etwa die gleichen geblieben wie in der zweiten Welle, wobei beispielsweise der Ökofeminismus und Internetprojekte hinzugekommen sind und das Thema auch in den Ländern der Dritten Welt stärker präsent ist. Mir persönlich fällt es schwer, diese Vielzahl an Interessen und Bewegungen noch unter einem gemeinsamen Begriff wie *Feminismus* zusammenzufassen, denn mit der dritten Welle blieben nicht nur die Themen extrem vielfältig und teilweise kaum greifbar – auch die Art und Weise der Kommunikation wurde zeitgemäßer und weniger gradlinig. Durch die Nutzung von sozialen Netzwerken und die Globalisierung des Feminismus ist es heute schwer geworden zu sagen, wofür der Feminismus im Kern eigentlich steht. Hilfreich finde ich die Unterscheidung zwischen Gleichheits- und Differenzfeminismus. Der Gleichheitsfeminismus geht davon aus, dass die Unterschiede im Verhalten von Frauen und Männern keinen biologischen Ursprung haben, sondern jegliche unterschiedliche Entwicklung von Kultur und Erziehung geprägt wird.[14] Der Differenzfeminismus hingegen besagt, dass es einen zeitlosen, naturgegebenen Unterschied zwischen Männern und Frauen gibt, der ihr Leben von Anfang an bestimmt. Frauen werden Wesenszüge nachgesagt, die sie unabhängig von Kultur und Geschichte gemeinsam hätten.[15]

Man könnte wohl noch Seite um Seite über diesen spannenden Teil unserer

Geschichte schreiben – doch das müssen andere Menschen in anderen Büchern tun. Nur eines möchte ich festhalten: *Den Feminismus* gibt es eigentlich nicht. Die Bewegungen für Frauenrechte sind wohl so vielfältig wie die Frauen selbst, und was es bedeutet, eine Feministin zu sein, kann ich auf dieser Grundlage kaum beantworten. Ich weiß nicht einmal, ob ich selbst eine bin. Doch ich kann so viel sagen: *Feministin* ist kein Schimpfwort. Der Feminismus ist keine Bewegung, die den Werten der Bibel grundsätzlich widerspricht oder die ausschließlich Dinge bewirkt hat, die nicht in Gottes Sinn sein können.

WIR FRAUEN HEUTE

Der Feminismus hat unsere Gesellschaft gravierend verändert. Auch wenn ein Großteil der Frauen noch nicht mit dem Ergebnis zufrieden ist, hat sich doch vieles getan. Leitbilder müssen längst nicht mehr so bedient werden wie vor fünfzig Jahren. Der Satz: »So sollte eine Frau sein«, kann heute mit unterschiedlichsten Charakterzügen und Lebensmodellen gefüllt werden. Es gibt Geburtsvorbereitungskurse und Elternzeit für Männer, und längst müssen Frauen nicht mehr heiraten, um glücklich zu werden. Sie brauchen keine Männer. Nicht einmal zum Kinderkriegen. Sie scheinen ganz und gar unabhängig und Samenbanken tun ihr Übriges. Die Kinderkrippen werden ausgebaut, um Frauen die Ausübung ihres Berufes zu ermöglichen und zu »ernötigen«. Quotenfrauen sind heiß diskutiert und Familienministerinnen werden großzü-

gig ins Amt eingesetzt. In unserer postmodernen, liberalen Gesellschaft ist fast alles möglich. Dennoch finden junge Frauen heute noch Gleichstellungspolitik wichtig[16] und die Fakten sprechen für sie.

Sharyl Sandberg, Geschäftsführerin von Facebook, sagt: »Die ungeschminkte Wahrheit ist, die Welt wird nach wie vor von Männern regiert.«[17] Von 195 Staatsoberhäuptern waren 2016 nur 17 weiblich, Frauen haben weltweit nur 22 Prozent der Parlamentssitze.[18] Im Europäischen Rat und im Deutschen Bundestag waren 2015 nur ein Drittel der Abgeordneten Frauen.[19] Europaweit sind lediglich 16 Prozent der Vorstandsmitglieder weiblich und nur 2,4 Prozent der Vorstandsvorsitzenden.[20]

Selbst wenn Frauen die gleiche Arbeit tun und die gleichen Positionen bekleiden wie Männer, werden sie dafür schlechter bezahlt. 1970 verdiente Frau in den USA 59 Cent, wo Mann einen Dollar bekam. Bis 2010 haben Frauen gekämpft und gearbeitet, um jetzt 77 Cent pro Dollar zu bekommen.[21] Innerhalb der EU-Länder ist das Gefälle der Gehälter zwischen den Geschlechtern am größten in Deutschland. Hier bekommt die Frau 79 Cent pro Euro.[22] Verdienen Frauen in Europa durchschnittlich 15 Prozent weniger als Männer, sind es in Deutschland gut 20 Prozent. Laut ver.di sind 29,6 Prozent aller Arbeitnehmerinnen im Niedriglohnsektor tätig im Vergleich zu 12,6 Prozent der männlichen Arbeitnehmer.[23]

Noch erschreckender sind die weltweiten Zahlen, denn es gibt weitaus schlimmere Schicksale als ungerechte Bezahlung. Im Licht der Situation der Frauen in Entwicklungsländern verblassen unsere Nöte fast. Weltweit sind 4,4 Millionen Mädchen in Zwangsprostitution gefangen.[24] In Afghanistan oder im

Sudan haben Mädchen kaum oder keinen Zugang zu Bildung. In vielen Ländern sind Ehefrauen nach wie vor Eigentum ihrer Männer. Vielerorts werden vergewaltigte Frauen verstoßen, da sie nun eine Schande für ihre Familien sind. Vor einer Weile erzählte mir eine bekannte Entwicklungshelferin aus Indien, wie Mädchen in Indien auf grauenvolle Weise kurz nach der Geburt ermordet werden – sie sind wegen der Mitgift für die Familien zu teuer, man hofft auf Jungen. Ich kann mir nur ausmalen, was solch ein heimlicher Völkermord für eine Gesellschaft bedeutet. Nun, da es prozentual zu wenig Frauen gibt, werden einige Frauen benutzt, um die sexuellen Bedürfnisse mehrerer Männer zu befriedigen oder ihnen Nachkommen zu schenken. Immer wieder landen missbrauchte und vergewaltigte Frauen im Gefängnis. Die Anklage? Ihr »Verbrechen gegen die Sittlichkeit«.[25] Durch die gezielte Abtreibung von Mädchen werden in Indien und China in zwanzig Jahren etwa 55 bis 60 Prozent der erwachsenen Bevölkerung Männer sein.[26]

Bevor ich für ein Jahr nach Uganda zog, ließ ich mir Ohrlöcher stechen. Warum? Geschlechtsverkehr mit einer Jungfrau oder einer hellhäutigen Frau mit einem unbeschädigten Körper (d.h. keine Ohrlöcher oder Tattoos) gilt in vielen Orten als Heilmittel für AIDS. Daher müssen diese »reinen Frauen«, Mädchen und manchmal sogar Babys nicht nur schwersten sexuellen Missbrauch über sich ergehen lassen, sondern sind für den Rest ihres Lebens mit HIV infiziert.

Dies sind nur einige Beispiele, wie vielerorts über Frauen gedacht wird und wie sie deshalb behandelt werden. In den wenigsten Kulturen ist der Gedanke, dass Frauen gleichwertig und gleichberechtigt sind, tatsächlich verankert. Selbst wenn er wie bei uns im Grundgesetz steht, ist er dennoch nicht in den

Herzen und den Ansichten der Menschen angekommen. Ich muss keine Feministin sein, damit diese Zahlen und die Geschichten hinter diesen Zahlen mich bewegen. Sie wecken in mir einen Hunger nach Gerechtigkeit, nach Veränderung und Revolution.

DIE FRAUEN IN UNSEREN KIRCHEN

In meinem Hunger nach Veränderung und Gerechtigkeit wende ich meinen Blick in unsere Kirchen. An den Ort, an dem sich Liebe manifestiert. An dem Heilung und Gerechtigkeit in unsere Herzen fließen und aus uns heraus in diese Welt. An den Ort, an dem ich Liebe und Freiheit gefunden habe, wie ich sie vorher nicht gekannt habe.

In unseren Kirchen treffe ich ganz normale Frauen, starke Frauen und auch viele Frauen, die anders sind als die auf den Straßen und in den Medien unseres Landes. Nicht ganz so viele kämpfende, laute Feministinnen, sondern viele leise Frauen, die ihren Selbstwert nicht nur aus ihrer Gleichberechtigung ziehen. Die andere Seite der Medaille ist, dass einige Frauen in unseren Kirchen sogar dann schweigen, wenn sie etwas Wertvolles zu sagen hätten. Natürlich gibt es in christlichen Gemeinden eine große Vielfalt an Frauen, und die kann man sicherlich nicht alle in ein paar Sätzen stigmatisieren, aber ich treffe in unseren Kirchen tatsächlich seltener beinharte Frauen, die in Hosenanzügen und mit kantigen Gesichtszügen erklären, dass nun ihre Zeit angebrochen sei.

Stattdessen sehe ich häufig Frauen, die glauben, dass ihre Weiblichkeit stark in zarten, fragilen, fürsorglichen, demütigen und angepassten Eigenschaften zum Ausdruck kommt. Natürlich gibt es laute, forsche, leitende und predigende Frauen. Doch sie scheinen nicht so selbstverständlich zu sein wie in der restlichen Gesellschaft. Letztens fragte mich eine selbstbewusst wirkende, mitten im Leben stehende dreißigjährige Christin: »Was ist denn verkehrt mit mir? Ich habe so viele Ideen und Leitungspotenzial in mir, aber ich scheine das falsche Geschlecht dafür zu haben.«

Ich kenne gleichaltrige, modern gekleidete, gebildete und kluge Frauen, die ihre Ehe überzeugt nach dem folgenden Prinzip leben: Wenn sie sich bei einer Entscheidung mit ihrem Partner nicht einigen können, hat der Mann das letzte Wort. Er sei schließlich das »Haupt der Familie«.

Ich kenne viele Frauen, die sich ganz der Erziehung ihrer Kindern verschrieben haben und aus Pflichtbewusstsein auf die Ausübung ihres Berufes und die dazugehörigen Diskussionen mit ihren Ehemännern verzichten mit der Begründung: »Doch auch die Frau wird gerettet werden, wenn sie Kinder zur Welt bringt« (1. Timotheus 2,15). Auf eine Position, etwa die einer Ältesten oder einer Predigerin, zu pochen oder auch lediglich nach mehr Einflussmöglichkeiten zu fragen, würde den meisten Frauen nicht in den Sinn kommen. Ich selbst habe es nie getan. Zu wichtig ist uns Unterordnung und wir sind einfach zu sehr verunsichert von weiblichen konservativen Vorbildern und Bibelstellen wie »die Frauen sollen in den Gemeindeversammlungen schweigen« (1. Korinther 14,34). Wenn wir Frauen nun heute schon nicht schweigen und wenn wir schon Teams leiten – dann wollen wir Paulus doch nicht noch

mehr strapazieren und auch noch anfangen, uns aktiv um Leitungspositionen zu bewerben. Nein, wir wollen demütig bleiben und bloß nichts falsch machen.

Es gibt Frauen, die leiten ganze Unternehmen und tragen in ihrer Kirche nur die Verantwortung für den Büchertisch. Nicht weil sie Entspannung brauchen oder nicht mehr leisten können, sondern weil sie Frauen sind. Es gibt Frauen, die Management studiert haben und dennoch niemals Älteste werden. Nicht weil sie keine Kapazitäten haben oder nicht wollen, sondern weil sie Frauen sind. Immer noch herrscht die unausgesprochene Erwartung, dass Frauen sich für Leitungspositionen höher qualifizieren müssen als ebenbürtige Männer, denn sie stehen unter kritischer Beobachtung. Und selbst wenn Gemeindeleiter gern Frauen in Leitungspositionen einsetzen würden, haben sie noch längst nicht immer die Rückendeckung von ihren Gemeindemitgliedern.

Es gibt Frauen, die heiraten nicht. Offiziell, weil sie keinen passenden Mann finden. Doch fragt man ihre Seele nach dem wirklichen Grund, ist es die Angst, in der Ehe eingesperrt zu werden. Als Single sind diese Frauen frei und können tun und machen, wozu sie geschaffen sind. Sie glauben, dass sie sich in einer Ehe komplett unterwerfen und das Ziel ihres Mannes unterstützen müssen. Sie glauben, dass sie ihm als Haupt der Familie dienen müssen, weil Gott es von ihnen fordert.

Es gibt Frauen, die bekommen keine Kinder. Nicht weil sie es nicht können oder keinen geeigneten Partner haben, sondern weil sie berufstätig sein und ihrer Berufung nachgehen wollen. Dies mit Kindern zu vereinen, sei egoistisch und schade den Kindern, haben sie gehört. Deshalb wollen sie lieber keine Kinder.

Die konservativen Frauen unserer Kirchen sind teilweise sehr glücklich. Sie leben in unserer unsicheren Welt in einem sicheren konservativen System und das kann sehr befreiend sein. Auch ist nicht jede zur Leitung geboren und einige Frauen finden als Hausfrau und Mutter ihre Erfüllung. Aber manchmal versteckt sich hinter der Demut und dem Rückzug ins Familiäre nur die Angst vor dem Konflikt. Dann nutzen wir einen großen Teil unseres Potenzials nicht, weil wir den Konflikt scheuen oder schlicht und einfach zu unsicher sind.

Dieses Buch ist sicher kein Aufruf zur Revolte oder dazu, alle Macht den Frauen zu übertragen. Aber könnte es nicht sein, dass die Frauen unserer Kirchen hinter dem zurückbleiben, was möglich wäre, wenn wir nur den Mut hätten, unsere Kultur und die Lehre, die uns seit Jahrzehnten prägt, zu hinterfragen? Ist es möglich, dass unsere kirchliche Weiblichkeit manchmal mehr von vergangener Kultur geprägt ist als von Gottes Gedanken? Könnte es sein, dass die Auslegung unserer Bibel so sehr von der Kultur der damaligen Zeit geprägt ist, dass wir eigentlich die damalige Kultur kopieren und nicht das umsetzen, was Gott gemeint hat? Vielleicht verstehen wir noch gar nicht, welche Veränderung Gott in diese Kultur gesprochen hat. So viele nicht ausgeschöpfte Möglichkeiten und Missverständnisse gilt es aus dem Weg zu räumen. Es scheint uns vielleicht gerade ein riesiger Berg aus einer Unmenge von Steinen zu sein, den wir bewegen müssen. Doch ich bin überzeugt, wir können Berge versetzen, wenn wir ein Thema nach dem anderen hochheben, uns ansehen und zur Seite räumen. Stein für Stein.

Manchmal wünsche ich mir, dass wir wieder etwas von den christlichen Feministinnen lernen. Von ihrem Eifer, ihrem Glauben an Gerechtigkeit, ihrem gesellschaftsrelevanten Einsatz und ihrem Mut, sich für das, was sie glaubten, stark zu machen. Die Christinnen waren in der Gesellschaft für das bekannt, *wofür* sie standen, und nicht nur dafür, *wogegen* sie waren. Sie waren in der Gesellschaft präsent und aktiv. Natürlich unterstützten sie nicht jedes feministische Anliegen und selbstverständlich lebten sie anders! Jesus hatte sie verändert, er hatte sie befreit. Doch ihre Andersartigkeit war in der Gesellschaft sichtbar und bewegte sie, sich für die Menschen – und damit auch für die Rechte der Frauen – einzusetzen. Sicher hatten sie Angst. Und ganz sicher standen sie immer in der Gefahr, sich in Anliegen zu verlieren, die nicht von Gottes Herzschlag geprägt waren. Aber sie hatten Träume! Den Traum von einer gerechteren Welt und von einer freien und heiligen Weiblichkeit! Wir dürfen heute wieder anfangen zu träumen. Wie kann Weiblichkeit heute in unserer Gesellschaft aussehen? Was wäre Frauen möglich, wenn sie die gleichen Rechte hätten wie Männer? Welchen Unterschied können wir als christliche Frauen machen? Wie können wir die Welt unserer Töchter und Enkelinnen schon heute verändern? Wie können wir Jesu Herzschlag für Frauen in unserer Welt ein Gesicht verleihen?

UNSERE GESCHICHTE

Die Einleitung von der Geschichte unseres Lebens wurde, schon lange bevor wir geboren wurden, geschrieben. Sie begann mit Adam und Eva, und durch unsere Vorfahren tragen wir das Erbe der Generationen vor uns, unserer Großeltern und Eltern in uns. Wir leben nicht losgelöst von Raum und Zeit, wir leben in einer Welt, die vom Feminismus geprägt ist, in der Frauen nach wie vor nach ihrer Identität und Bestimmung suchen, und in Kirchen, die versuchen, eine angemessene Reaktion auf die gesellschaftlichen Entwicklungen der Frauenrechte zu entwickeln. Während all das passiert, leben wir. Auch wenn wir schon einen Teil unserer persönlichen Zeit hier auf der Erde erlebt haben und bereits einige Seiten unserer Geschichte geschrieben wurden, gibt es immer noch viele Seiten, die nicht beschrieben sind: Die erste leere Seite ist: morgen.

Denn morgen wird wieder eine Seite unseres Buches geschrieben. Ein Tag unserer Geschichte. Der Geschichte, auf die unsere Kinder aufbauen werden. Und ihre Kinder und deren Nachkommen. Das nächste Blatt ist noch leer. Wie wollen wir es füllen? Wollen wir den Mut haben, religiöse und gesellschaftliche Grenzen infrage zu stellen? Wollen wir es wagen, uns für Gerechtigkeit einzusetzen und daran zu glauben, dass wir Frauen es wert sind, fair behandelt zu werden? Wollen wir beginnen, unsere Rechte zu nutzen, nicht um andere zu unterdrücken, sondern um noch mehr Menschen zu lieben? Wie wäre es, wenn wir in der Lage wären, für Gerechtigkeit zu kämpfen, nicht um Recht zu bekommen, sondern um unser Potenzial auszuschöpfen? Was wäre, wenn Gott hier ein Komma und keinen Punkt setzt? Unsere Geschichte ist noch längst nicht am Ende! Die nächste Seite ist noch frei. Morgen will noch gelebt werden.

Zwei

Quotenfrau: Frauen auf der Karriereleiter

Brauchen wir Frauen in den Chefetagen?
Oder warum sollten wir sie
dort nicht wollen?

———

Frauen im Beruf ist in christlichen Kreisen manchmal ein brisantes Thema. Ist es denn wirklich so wichtig, dass Frauen Karriere machen? In welcher Hinsicht ist es für Frauen schwieriger, sich beruflich zu entwickeln? Welche einzigartigen Eigenschaften haben Frauen, mit denen sie die heutige Arbeitswelt bereichern können? Geht es bei einer Karriere immer um egoistische Selbstverwirklichung? Stehen uns die Männer im Weg oder wir uns selbst? Was macht es so schwierig, als Mutter erfolgreich im Job zu sein? Ist es überhaupt Gottes Plan für Frauen, wirtschaftlich erfolgreich zu sein? Oder eifern wir einem Ideal nach, für das wir nie geschaffen wurden?

Das Thema Frauen im Berufsleben wirft viele Fragen auf, daher möchte ich in diesem Kapitel mit einem Blick in die Weltwirtschaft zunächst die heutige Situation beschreiben und versuchen, mit einem Blick in die Bibel Wege zu finden, wie wir zu selbstbewussten berufstätigen Frauen und Müttern werden – wenn wir das wollen.

Abbie Conant bewarb sich 1980 auf eine europaweite Ausschreibung hin als Soloposaunistin bei den Münchner Philharmonikern und wurde mit der Anrede »Sehr geehrter Herr Conant« schriftlich zum Vorspielen eingeladen. Das Vorspielen fand entgegen der Norm hinter einem Vorhang statt, da auch ein Verwandter der Jury unter den Bewerbern war. Direkt nachdem Abbie zu Ende gespielt hatte, verließ sie den Raum. Als die Tür hinter ihr zufiel, rief der Leiter der Philharmonie euphorisch und impulsiv: »Das ist er!« Abbie wurde zurück in den Raum geholt und trat hinter dem Vorhang vor die Jury, woraufhin ein verwundertes Raunen durch die Jury und das Publikum ging. Man hatte mit Sicherheit angenommen, sie sei ein Mann – denn sonst wäre sie niemals eingeladen worden. Es gehörte zum Allgemeinwissen eines Musikers, dass Frauen aufgrund ihrer geringeren Lungenleistungsfähigkeit, ihres Körperbaus und einiger anderer heute widerlegten Gründe schlichtweg nicht in der Lage seien, so gut Posaune zu spielen wie Männer.[27] Doch ein zufälliger Fehler beim Lesen der Bewerbungen und die ungewöhnliche Situation, die zu einem anonymen Vorspielen führte, machten es möglich, dass nicht nur Abbies Talent erkannt wurde, sondern auch die Diskriminierung von Frauen in der klassischen Musikwelt langsam beendet wurde.

SIND FRAUEN IM BERUF BENACHTEILIGT?

»Und hier sind die – ausschließlich männlichen – Nominierten«[28], verkündete Natalie Portman bei ihrer Bekanntgabe der fünf Nominierten in der Kategorie »Beste Regie« der Golden Globes 2018. Dabei gab es durchaus sehr erfolgreiche Filme von Regisseurinnen, doch weder Patty Jenkins noch Greta Gerwig noch Sofia Coppola war nominiert worden. Nicht einmal als Quotenfrau.

Sogar die selbstbewusstesten und schlagfertigsten Frauen erzählen eine Geschichte nach der anderen, in der sie aufgrund ihres Geschlechts ungerecht behandelt wurden. Sahra Wagenknecht, Spitzenkandidatin der Linken, sagt, man(n) habe ihr zu Beginn ihrer Karriere immer wieder unterschwellig vermittelt, dass Frauen »keine Ahnung von Wirtschaft« hätten. Natürlich habe ihr das niemand ins Gesicht gesagt, aber die grundsätzliche Annahme war, dass Frauen sich – wenn sie schon in der Politik aktiv sind – um Frauenrechte und nicht um Wirtschaft kümmern.[29] Manuela Schwesig, SPD-Ministerpräsidentin, stimmt zu: »Ich habe nie etwas anderes erlebt, als dass man am Anfang immer unterschätzt wird. Aber ich muss mal sagen, das ist gar nicht so schlecht … dann hat man noch mal einen zeitlichen Vorlauf, um ihnen zu zeigen, dass es dann doch anders kommt.«[30]

Die heutige Welt der Wirtschaft ist nicht nur von den Fakten und Zahlen her, sondern auch inhaltlich weit von der Gleichberechtigung entfernt. Die Berufswelt ist ja jahrelang ausschließlich von Männern geprägt worden, und so werden die Frauen im System nicht nur nach Leistung bewertet, sondern müssen dabei zusätzlich einem männlichen Wertesystem entsprechen. Ungeschriebene Gesetze, wie dass man auf der Arbeit keine Emotionen zeigt, das Privatleben außen vor lässt, stark und selbstsicher wirkt, rational entscheidet, dass der Bessere und Stärkere gewinnt, IQ wertvoller ist als EQ, sind nur einige Beispiele dafür, dass die Wirtschaft nach wie vor eine Männer-Domäne ist. Nicht nur die Zahlen sind ungerecht, der Anspruch und Inhalt sind es ebenfalls.

WIR
BRAUCHEN *mehr*
Frauen IN DER WIRT-
SCHAFT
UND *mehr weibliche*
FÜHRUNGSKRÄFTE
ALLGEMEIN, <u>NICHT</u> WEIL
ES SONST UNFAIR WÄRE,
<u>SONDERN</u> WEIL WIR
SONST
Gottes Plan
VERFEHLEN.

INTERVIEW mit
Dr. Katharina Peikert

Sarah: Liebe Kathi, du bist mir ein echtes Vorbild! Deine starke und sanfte Ausstrahlung hat so gar nichts von einer kämpferischen »Karrierefrau«. Und dennoch bist du beruflich sehr erfolgreich. Du hast mit Anfang 30 einen Doktortitel in Chemie und bekleidest eine verantwortungsvolle Aufgabe in der wissenschaftlichen Kundenbetreuung als »Territory Account Manager«. Gibt es Gründe, aus denen du dich gezielt für eine berufliche Karriere entschieden hast?

Katharina: Ich weiß gar nicht, ob ich selbst von mir behaupten würde, dass ich eine Karrierefrau bin. Es fühlt sich auf jeden Fall nicht so an. Bewusst für Karriere habe ich mich nicht entschieden. Ich erinnere mich allerdings gut, dass ich mir, bereits als es um die Studienfachauswahl ging, die Frage gestellt habe: Wird der Beruf Chemikerin gut mit meinem Wunsch nach Familie vereinbar sein? Sollte ich vielleicht besser Chemie auf Lehramt studieren? Es war eine bewusste Entscheidung, das zu studieren, worauf ich wirklich Lust habe, und nicht einen

Job zu wählen, nur weil er klassisch als familienkompatibel bewertet wird. Ich hatte bereits damals das Vertrauen, dass Gott schon seinen Weg mit mir gehen wird, und das hat er getan. Ich habe in meiner gesamten Studienzeit bis heute im ersten Job immer wieder seine Bestätigung erfahren, seinen Segen, und das hat mich ermutigt, meinen Weg weiterzugehen. Und es hat mir über Phasen der Unsicherheit und des Zweifelns hinweggeholfen. Denn die Frage, ob mein Job mit einer Familie vereinbar sein wird, stellt sich mir auch heute noch.

Sarah: Hast du Vorbilder, die dich zu diesen Entscheidungen ermutigt haben?

Katharina: Ich hatte gleich im ersten Jahr meines Studiums die Ehre, mit einer Frau aus meiner Gemeinde einen Mentoring-Prozess durchlaufen zu dürfen. Sie war damals mit Anfang 30 eine erfolgreiche Abteilungsleiterin im Bereich Human Resources. Bis heute prägt mich diese Zeit mit ihr sehr. Sie hat mich ermutigt, meine Begabungen und Stärken einzusetzen und nach mehr zu streben.

Sarah: Und wie reagieren männliche Kollegen auf deinen Erfolg?

Katharina: Bisher habe ich sehr gute Erfahrungen mit meinen Kollegen gemacht. Ich erlebe viel Unterstützung, Hilfsbereitschaft und Wertschätzung. Besonders mit meinem Chef bin ich sehr zufrieden. Er ist ein großer Befürworter von unkonventionelleren Rollenverteilungen und kreativ gestalteten Jobmodellen und setzt sich dafür ein, Frauen darin zu unterstützen, dass Familie und Job sich vereinen lassen. Von ihm weiß ich aber auch, dass er vor seinen Chefs teilweise etwas kämpfen musste. Ich bin weltweit die erste Frau, die in unserem Unternehmen im Bereich Sales arbeitet, und das war nicht für jeden von Anfang an leicht.

Sarah: Und was sagt dein privates männliches Umfeld – also dein Mann und dein Vater – dazu?

Katharina: Mein Mann ist mein größter Unterstützer und versteht es wie kein anderer, mich aufzumuntern und aufzubauen, wenn es besonders herausfordernd oder stressig ist. Er fiebert mit mir mit und freut sich, wenn die Dinge gut laufen. Mein Vater ist selbst promovierter Chemiker, und ich glaube, er ist sehr stolz auf mich.

Sarah:

Würdest du dir mehr Kolleginnen wünschen?

Katharina: Ich bin eine klare Befürworterin, dass es Unternehmen guttut, mehr Frauen in verantwortungsvollen Positionen zu haben, aber ich vermisse es aktuell nicht, mehr direkte Kolleginnen zu haben. Wir sind ein gutes Team, so wie wir gerade aufgestellt sind.

Sarah: Würdest du persönlich einen Job annehmen, der dir angeboten wird, damit die Frauenquote im Unternehmen aufrechterhalten wird?

Katharina: Puh, das ist eine harte Frage! Ich möchte einen Job bekommen, weil ich mit meinem Können und meiner Kompetenz überzeuge, und nicht, weil mit mir eine Quote erfüllt wird. Personelle Entscheidungsprozesse können allerdings sehr komplex und vielschichtig sein und ich müsste eine solche Entscheidung wohl von der konkreten Gesamtsituation abhängig machen.

Sarah: Welchen Preis bezahlst du für deine berufliche Entwicklung?

Katharina: Hätte ich kein so langes Studium mit Promotion gewählt, dann hätten wir vermutlich schon unsere ersten Kinder. Ich hatte ursprünglich nicht vor, eine so späte und alte Mama zu werden. Außerdem bin ich durch meinen Job viel unterwegs, und es gibt Wochen, in denen mein Mann und ich uns kaum sehen und wenig Zeit für Freizeit und Freundschaften bleibt. Hier muss ich tatsächlich etwas auf mich aufpassen, damit der so wichtige Ausgleich zum Job nicht zu kurz kommt. Auf der anderen Seite macht mir mein Job aber auch einfach sehr viel Spaß.

Sarah: Was würdest du Frauen sagen wollen, die Angst haben, Dinge wie Familienleben oder Zeit für Freizeit zu verpassen, wenn sie eine berufliche Karriere forcieren?

Katharina: »Sei stark und mutig! Hab keine Angst und verzweifle nicht. Denn ich, der Herr, dein Gott, bin bei dir, wohin du auch gehst«, so heißt es in Josua 1,9. Hab Vertrauen darauf, dass Gott zum einen deine Vorlieben und Leidenschaften in dich hineingelegt hat und dass er zum anderen einen perfekten Lebensplan für dich vor Augen hat. Trau dich, zu träumen und über kreative Familienmodelle nachzudenken. Gottes Lebensplan ist individuell und nach meiner Überzeugung nicht an ein klassisches Rollenbild gebunden. Aktuell wäre es z.B. mein Traum, dass mein Mann und ich irgendwann, wenn wir Kinder haben, beide in Teilzeit arbeiten und damit beide ganze Tage mit den Kindern zu Hause sind. Aber ich vertraue zutiefst darauf, dass Gott mir zur richtigen Zeit die richtigen weiteren Schritte zeigen wird. Mir ist es wichtig, von ihm gebraucht zu werden und meine Begabungen nach seinem Willen einzusetzen. Ich bin gespannt, welchen Weg er vorbereitet hat.

Sarah: Vielen Dank!

WIE BEREICHERN FRAUEN UNSERE CHEFETAGEN?

Jeder Chef und jede Chefin haben ihre eigene Meinung zu Frauen in der Chefetage. Die einen stellen Frauen aufgrund von Quotenregelungen ein. Die anderen aufgrund ihrer objektiven Leistung, wieder andere achten gar nicht auf das Geschlecht und eine weitere Gruppe von Führungskräften stellt Frauen ein, weil sie keinen Ärger wollen. Aus welchem Grund auch immer Frauen in männlich dominierte Teams in Chefetagen geraten, eine Sache wird immer deutlich: Frauen verändern die Kultur, die Normalität und den Alltag der Unternehmen, noch bevor sie irgendeine feministische Äußerung getätigt haben. Carly Fiorina beschreibt in ihrem Buch »Mit harten Bandagen« wie sie auf ihrem Karriereweg zur Chefetage von HP einmal mit den Worten »Nicht, solange die Dame dabei ist« gebeten wurde, ein Geschäftsmeeting zu verlassen. Die Worte kamen jedoch nicht, wie man schnell vermuten könnte, aus dem Mund ihres Chefs oder eines männlichen Kunden. Sie kamen aus dem Mund der leicht bekleideten Stripperinnen, die sich weigerten, auf einem Tisch zu tanzen, an dem eine Frau saß. Carly Fiorina hatte sich geehrt gefühlt, dass sie als Berufseinsteigerin bei einem so wichtigen Geschäftstermin dabei sein durfte. Doch niemand hatte bedacht, dass ein Treffen in einem Strip-Lokal – wie sie allem Anschein nach regelmäßig durchgeführt wurden – mit einer Frau am Tisch unangebracht wirken würde.[31] Nur die Anwesenheit einer Frau offenbart, wie männlich die Geschäftswelt tatsächlich ist, und fordert eine Veränderung, noch bevor sie ein einziges Wort gesagt hat. In Anwesenheit einer Geschäftsfrau werden Stripperinnen zu Frauen mit Würde und in Anwesenheit einer Frau verstummen die obszönen Äußerungen der Männer den Tänzerinnen gegenüber. Eine Frau kann sich niemals an einen Tisch voller Männer setzen, ohne etwas zu verändern.

Umso mehr Unterschiede werden deutlich, wenn Frauen richtig aktiv werden. Umfragen ergeben, dass Frauen verstärkt auf Weiterbildungen und Maßnahmen zur besseren Vereinbarkeit von Familie und Beruf, wie etwa Kinderbetreuung und flexible Arbeitszeiten, setzen, um ihre Mitarbeiter zu halten. Männliche Chefs hingegen nennen monetäre Anreize: Boni, Dienstwagen, überdurchschnittliche Bezahlung.[32] Unterschiede zwischen den Geschlechtern gibt es außerdem in ihren Erwartungen für die wirtschaftliche Zukunft – die Männer sind hier deutlich pessimistischer. Befragt nach der wirtschaftlichen Entwicklung gaben nur 18 Prozent der Männer an, dass die Situation besser würde, aber 23 Prozent der Frauen. Eine bessere Entwicklung für das eigene Unternehmen erwarten 35 Prozent der Manager, aber 51 Prozent der Managerinnen.[33]

Natürlich ist es sehr schwierig, generelle Unterschiede zwischen Frauen und Männern zu benennen, denn es ist ein feiner Grat zwischen dem Gespräch über charakteristische Unterschiede und dem Aufstellen stigmatisierender Thesen. Jeder Mensch ist individuell begabt, und es gibt viele sensible Männer und viele zielfokussierte Frauen. Dennoch ist es biologisch, psychologisch und statistisch offensichtlich, dass es Unterschiede gibt. Bestsellerautorin und Managerin Prof. Dr. Gertrud Höhler schreibt, dass speziell Frauen der Managementwelt und den männlichen Teams jede Menge zu geben haben, denn sie seien in den Bereichen Multitasking, Sensibilität, Kommunikation und Improvisation grundsätzlich stärker als ihre männlichen Kollegen. Außerdem seien Frauen besonders beziehungsstark und diplomatisch.[34] Prof. Dr. Höhler meint, Frauen seien die besseren Manager für Komplexität, multikulturelle Kommunikation, globale Lokalisierung, Innovationsbereitschaft, globales Corporate Profile und ethische Standards.[35] Jennifer Armbrust geht noch einen Schritt weiter und prägt den Begriff der »Feminin Economy« (dt. weibliche Wirtschaft). Sie plädiert dafür, die Wirtschaft mit mehr weiblichen Attributen und Charakteristika zu füllen. Sie sagt, dass Frauen die Wirtschaft besonders um zyklisches Wachstum, gegenseitige Abhängigkeit, Zusammenarbeit, Entspanntheit, Großzügigkeit, Intimität, Nachhaltigkeit, Fragen stellen, Fürsorge, Empathie, Verbindung zur Natur, Ehrlichkeit, Integrität, Dankbarkeit, Überlegtheit und Einfallsreichtum bereichern.[36]

Ein weiterer Unterschied von Männern und Frauen ist, dass Frauen gern gefragt werden, ob sie eine Aufgabe übernehmen möchten, und sich tendenziell eher unterschätzen, während Männer sich schneller überschätzen, aber dadurch auch mutigere Schritte wagen. Mein Vater saß als junger Mann einmal seinem Chef gegenüber und wurde gefragt, welche Entwicklung er im Unternehmen anstrebe. Er sah seinen Chef an und erwiderte mutig: »Ich möchte Ihren Stuhl.« Es fällt mir nach wie vor schwer, mir diese Worte aus dem Mund einer Frau vorzustellen. Laut Prof. Dr. Höhler sind Frauen eher für den Satz »Trauen Sie mir das zu?« bekannt. Sie nennt diese Frage den »Frauen-Satz«.[37] Frauen warten ab, wollen gefragt und gebeten werden, sie wollen sich nicht aufdrängen und stellen ihren Erfolg nicht in den Vordergrund. Ich finde das auch sympathisch, denn wir können und müssen mit unserer Leistung überzeugen und müssen uns nicht zu Machos in Rock und Blazer entwickeln. Doch wenn wir hinter unseren Möglichkeiten zurückbleiben, weil wir Angst haben, zurückgewiesen zu werden, oder befürchten, in der Männerwelt nicht bestehen zu können, dürfen wir unser Selbstbewusstsein gern mit den genannten Stärken von weiblichen Führungskräften füttern und uns ein Beispiel an Carly Fiorina nehmen. Sie kannte und nannte bei einem Bewerbungsgespräch ihre Schwächen und Stärken, und es gelang ihr, mit diesen Argumenten als Frau einen Job bei HP zu bekommen, für den sie eigentlich nicht qualifiziert war: »Computer-Expertise ist ja nicht das Problem von HP. Es gibt Unmengen an Leuten in diesem Unternehmen, die genau diese anbieten. Ich habe bewiesen, dass ich sehr schnell herausfinde, was wichtig ist. Und ich weiß, was ich kann und nicht kann. Und ich weiß, dass unsere Stärken komplementär sind. Sie haben eine hohe Ingenieurskompetenz. Was ich bringe, ist die strategische Vision, die HP braucht.«[38]

VOM MANKO, KINDER GEBÄREN ZU KÖNNEN

Über 90 Prozent aller Männer in Top-Positionen sind verheiratet und haben Nachwuchs. Dagegen haben 40 Prozent aller Frauen, die Karriere machen, keine feste Partnerschaft und keine Kinder.[39] Ich selbst war lange Zeit der Meinung, dass es für Unternehmer unfair ist, dass sie eine Frau im Bewerbungsgespräch nicht fragen dürfen, ob sie schwanger ist. Theoretisch könnte jede

Frau zwischen zwanzig und vierzig, die in einem Bewerbungsgespräch sitzt, schwanger sein. Ich überlegte mir daher, dass ich lieber einen Mann einstellen würde, der mit hundertprozentiger Sicherheit nicht schwanger ist, wenn ich Unternehmerin wäre. Das ist eine ganz rationale unternehmerische Meinung. Gewesen! Denn seitdem ich selbst Mutter bin, würde ich Schwangeren und Müttern vielleicht sogar den Vortritt gewähren. Nicht aus Mitgefühl oder Sympathie, sondern aus purem Egoismus, denn ich selbst bin eine bessere Managerin geworden, seitdem ich Mutter bin. Ich sehe die Welt mit anderen Augen und Menschen haben einen ganz neuen Wert für mich bekommen. Seitdem ich Kinder habe, weiß ich, wie sehr man einen Menschen lieben kann, und ich bin überzeugt, dass jeder Mensch gleichwertig und gleich würdig ist. Weil ich meine Kinder so sehr liebe, denke ich, dass jeder andere Mensch die gleiche Wertschätzung verdient wie sie. Obwohl ich im Alltag weit hinter diesem Standard zurückbleibe, ist mein grundsätzliches Empfinden über den Wert meiner Kolleginnen, Kollegen und Vorgesetzten gestiegen.

Außerdem bin ich durch den Alltag mit zwei Kleinkindern unglaublich an die Grenzen meiner Managementbegabung gestoßen und über mich hinausgewachsen. Die Notwendigkeit meiner Fürsorge, meine Unersetzlichkeit und die Hingabe zu meinen Kindern haben mich dazu gebracht, Predigten in zwei Stunden vorzubereiten und nach nur vier Stunden Schlaf Leiterseminare abzuhalten, auf denen ich mich alle vier Stunden auf der Toilette versteckte, um meine überfüllten Brüste durchs Abpumpen der Muttermilch zu erleichtern. In meinem Kopf laufen, seitdem ich Kinder habe, immer mehrere Fenster nebeneinander, ich bin in ständiger Alarmbereitschaft und denke an so viele Details wie nie zuvor. Haben wir ganz sicher das Lieblingsschnuffeltuch von Nova eingepackt? Und Feuchttücher? Haben wir Wechselkleidung dabei? Gibt es einen Babysitter für unser Date in zwei Wochen? Reichen die Windeln noch übers Wochenende? Durch all diese ständig offenen Fenster auf meinem inneren Desktop bekomme ich neben neuen Multitasking-Fähigkeiten eine gesunde Distanz zu meinem Job. Denn plötzlich gibt es wichtigere Dinge als den beruflichen Erfolg, und diese Erkenntnis heilt mich von falschem Ehrgeiz und den unüberlegten Entscheidungen, die daraus resultieren.

Mit dieser Veränderung meiner Persönlichkeit bin ich nicht allein. Frau Prof. Dr. Höhler sagt: »Wer Frauen in die Business-Welt holt, erfährt früher, dass Kinder Erwachsene besser machen.«[40] Sie betont besonders, dass Eltern automatisch ein besseres Know-how und höhere ethische Standards ins Unternehmen bringen, denn Kinder fordern und wecken Verlässlichkeit, Wahrhaftigkeit, Geduld, Selbstdistanz, Gerechtigkeit und Maß.[41] Der große Vorsprung vieler Top-Frauen vor Karrieristen mit einseitiger Vita im Beruf ist die Erfahrung mit kindlichen Entwicklungsprozessen. Gelassenheit, Humor, ein überlegenes Urteilsvermögen, Augenmaß beim Umgang mit Risiken und Chancen, Großzügigkeit gegenüber den Prahlereien und Überlegenheitsritualen unter Männern sind nur einige der Vorzüge, die Frauen aus der Kinderwelt mitbringen.[42]

Vor einiger Zeit stellte ich die Frage, ob Mütter bessere Manager seien auf meinem Facebook-Account. Eine Frau ohne Partner und Kinder antwortete entschieden mit Nein, Managerqualitäten seien ausschließlich begabungsabhängig. Doch es geht mir bei der Frage »Sind Mütter die besseren Manager?«

gar nicht darum, ob Mütter bessere Manager als andere Frauen oder Männer sind. Vielmehr ist die Frage, ob eine Frau dadurch, dass sie Mutter wird, ihre Managementqualitäten und Begabung ausbaut und verbessert.

Ich bin überzeugt, dass jede Frau ihre Managementfähigkeiten ausweitet, wenn sie Mutter wird. News.at fragt, worin der Unterschied zwischen der Organisation einer Geburtstagsparty für Kindergartenkinder und der eines Business-Events besteht. Abgesehen von Thema und Publikum gibt es praktisch keinen. Für beides muss der geeignete Termin und der passende Ort gefunden und eine Gästeliste erstellt werden.[43] Und so werden auch Frauen, die vorher keine Unternehmen geleitet haben, im Angesicht von Indianer-Partys, Stopptanz und Schokokuss-Wettessen zu ausgezeichneten Topmanagerinnen.

Eine Mutter »kann vorausschauend planen und organisieren, behält ihr Budget stets im Auge und weiß mit ihren finanziellen Mitteln ziemlich effektiv auszukommen, ist es gewohnt, die Erwartungen anderer zu berücksichtigen, und kann dementsprechend kreativ denken. Sie ist innovativ und fantasievoll, weiß, wie und an wen sie diverse Arbeiten delegieren kann, reagiert flexibel auf unvorhergesehene Situationen, hat Führungsqualitäten, verfügt über jahrelange Erfahrung, was Gruppendynamik und Teamwork anbelangt, und ist Meisterin in der Konfliktbewältigung.«[44] Die Autorinnen Petra Preis und Sylvia Rothblum, beide erfolgreiche Business-Frauen und engagierte Mütter, betonen in ihrem kürzlich erschienenen Buch »Mütter sind die besseren Manager«, es komme bloß darauf an, diese Leistung für die Karriere zu nutzen. Wichtigste Voraussetzung dafür sei mehr Selbstbewusstsein. Konkret bedeute dies, Mütter sollten von sich und den eigenen Fähigkeiten überzeugt sein.

Leider würden jedoch viele Mütter, die sich zwecks Kinderbetreuung eine berufliche Auszeit genommen haben, dazu neigen, sich selbst abzuwerten und als Nur-Mutter oder Nur-Hausfrau zu bezeichnen.[45]

Als ich nach meiner Elternzeit in Teilzeit wieder in meinen Beruf einstieg, ging mir der Job, den ich vor der Schwangerschaft oft als sehr anstrengend, belastend, überfordernd und stressig empfunden hatte, wesentlich leichter von der Hand als je zuvor. Nachdem ich mich an den Gedanken gewöhnt hatte, meine Kinder für einige Stunden von anderen vertrauenswürdigen Menschen betreuen zu lassen, begann ich sogar, mich richtig auf die Arbeitstage zu freuen. Nicht nur, weil mir die Arbeit Freude machte, sondern auch, weil ich den Eindruck hatte, die Zeit auf der Arbeit sei entspannend. So merkwürdig das klingt, aber mein Stresslevel, meine Alarmbereitschaft und der damit verbundene grundsätzliche Adrenalinspiegel sanken gewaltig, sobald ich das Büro betrat. Ich hatte nicht an Motivation verloren, und die Qualität meiner Arbeit nahm nicht ab, ich hatte im Gegenteil durch meine Kinder Belastbarkeit, Multitasking-Fähigkeiten und Gelassenheit dazugewonnen.

KARRIERE AUS PRINZIP?

Müssten nicht all diese Argumente ausreichen, um endlich eine gleichberechtigte Berufswelt zu schaffen? Eigentlich ja. Doch wie so oft ist die Erkenntnis, dass etwas gut ist, noch längst nicht die Garantie dafür, dass es praktisch umgesetzt wird. Das kenne ich aus meinem Alltag besonders gut aus den Bereichen der sportlichen Betätigung, gesunden Ernährung und der Schlafgewohnheiten. Nur weil ich weiß, dass es gut ist, morgens zu joggen, mittags Salat zu essen und abends vor 22 Uhr schlafen zu gehen, heißt das noch lange nicht, dass ich es auch tue. Aufgrund dieser Diskrepanz zwischen Wunsch und Realität wurden die Quotenfrauen erfunden. Befragt man Wikipedia zum Stichwort »Frauenquote«, bekommt man folgende Definition: »Frauenquote und allgemein Geschlechterquote oder Genderquote bezeichnet eine geschlechter- bzw. genderbezogene Quotenregelung bei der Besetzung von Gremien oder Stellen. Der angestrebte Zweck der Frauenquote ist die Gleichstellung von Frauen und Männern in Gesellschaft, Politik und Wirtschaft.«[46] Aber definiert sich »Gleichstellung« wirklich durch Quoten? Und sollte das Ziel wirklich »Gleichstellung« sein oder nicht vielmehr die wertschätzende, faire und gerechte Behandlung von Frauen, gemäß der Würde, mit der Gott sie geschaffen hat? Gleich an dritter Stelle beim Googeln von »Quotenfrau« finde ich diese Definition: »Abwertende Bezeichnung einer Frau im Betrieb.«[47] Am besten bringt es wahrscheinlich der berühmte Stromberg, die Hauptfigur der gleichnamigen Comedy-Serie, auf den Punkt. Als er gefragt wird: »Wie stehen Sie zu Frauen in Führungspositionen?«, antwortet er: »Das ist eine Fangfrage. Frauen sind in aller Regel genauso Menschen wie Ausländer oder Homosexuelle, insofern werde ich den Teufel tun und diese Frage beantworten.«[48] Mit dieser indirekten Antwort macht er deutlich, was sich niemand zu sagen traut: Frauen sind (wie die anderen genannten Gruppen) nach wie vor eine Minderheit in der Wirtschaft. Nur weil man uns aufgrund von festgelegten Quoten einstellt, heißt es noch längst nicht, dass man uns dort willkommen heißen wird. Nur weil wir einen Arbeitsvertrag unterschrieben haben, werden wir noch längst nicht mit Würde behandelt. Und damit stellt sich die Frage: Wie werden wir uns aus dieser Minderheiten-Position herauskämpfen? Welche Waffen werden wir benutzen? Wollen wir Karriere aus Prinzip und einfach gleich(berechtigt)e Zahlen in der Wirtschaft, um uns gerecht behandelt zu fühlen, oder wollen wir die Wirtschaft besser machen, weil wir etwas zu geben haben?

Jennifer Armbrust vertritt mit ihrer »Feminin Economy«, wie viele andere Frauen, die Meinung, dass Frauen die Wirtschaft zu einem besseren Ort machen. Ihre Gedanken sind auf der einen Seite sehr inspirierend, befreiend und kreativ. Auf der anderen Seite sind sie leider sehr abwertend, denn sie behauptet, die heutige Wirtschaft sei (ausschließlich) von männlichen Attributen und Charaktereigenschaften geprägt. Ich stimme ihr zwar darin zu, dass die Wirtschaft zum großen Teil durch männliche Prinzipien geprägt ist und dass weibliche Eigenschaften die Wirtschaft bereichern, doch Armbrusts Worte enthalten eine starke Bewertung der Geschlechter. Die maskuline Wirtschaft ist ihrer Meinung nach gekennzeichnet durch ständigen Konsum, Egoismus, den Mythos der Leistungsgesellschaft, Anbetung von Profit, Verunglimpfung der Armut, Herrschaft über Menschen und Natur, Materialismus, Besitztum, ungerechte Verteilung des Reichtums, Hierarchie, »Der Zweck heiligt die Mittel«-Denken, Stoizismus, mangelnde Rechenschaft, Geschwindigkeit und Effizienz, Wettkampf, Individualismus, lineares Wachstum und das Verknappungsprinzip.[49]

Würde sie damit die Wirtschaft im Allgemeinen beschreiben, würde ich ihr – obwohl ich bei Weitem keine Expertin auf dem Gebiet bin – wahrscheinlich recht geben. Aber sie geht einen deutlichen Schritt zu weit, indem sie diese Eigenschaften als männlich definiert und darüber hinaus den Männern alle Verantwortung für die negativen (wir Christen würden sagen: sündigen) Seiten der Wirtschaft in die Schuhe schiebt. Es ist nicht alles schlecht, was männlich ist. Wir müssen aufpassen, dass wir nicht auf der anderen Seite vom Pferd fallen. Nur weil die Wichtigkeit der Frauen hervorgehoben wird, bedeutet das nicht, dass die Bedeutung der Männer abnimmt. Wir dürfen die Frage »Wer ist wichtiger?« niemals mit einem einzigen Geschlecht beantworten! Eigentlich müssten alle Alarmglocken klingeln, wenn sich diese Frage überhaupt stellt. Frauen müssen in der Wirtschaft wichtiger werden, ohne Männer unwichtiger zu machen. Männer müssen sich im Job Frauen an ihre Seite holen und wissen, dass sie dadurch gestärkt und nicht geschwächt werden. Frauen sagen häufig, sie hätten den Eindruck, Männern fühlten sich von ihnen bedroht. Meiner Meinung nach geht es den Männern manchmal zu Recht so. Wenn eine Frau das Ziel hat, den Mann nur als Trittbrett für ihre Karriere zu benutzen, um ihre positiven Eigenschaften im Kontrast zu seinen Schwächen noch deutlicher werden zu lassen, hat der Mann zu Recht Angst um seinen Job. Man braucht nicht lange zu suchen, um viel zu viele passive, eingeschüchterte und verunsicherte Männer zu finden. Hinter den meisten dieser Unsicherheiten steckt eine Frau. Eine dominante Mutter, eine herrschsüchtige Ehefrau oder eine egoistische Ex-Frau. Es ist definitiv nicht alles gut, was weiblich ist. Wir können den Spieß umdrehen und mit »Feminin Economy« und #thefutureis-

female das Ruder an uns reißen, aber wir werden den Kampf dann nur anders-
herum kämpfen, und in diesem Kampf gibt es nie Gewinner. Denn wir sind
voneinander abhängig, wir Männer und Frauen. Wir brauchen einander und
sind darauf angelegt, einander zu brauchen. Deshalb gibt es nur Verlierer in
einem Kampf, in dem ein Geschlecht gegen das andere kämpft, und auf der
anderen Seite gibt es nur Gewinner, wenn wir richtig kämpfen.

Es ist nichts Unchristliches, zu kämpfen. Man kämpft dort, wo es Gegen-
spieler gibt, man kämpft, wenn man angegriffen wird oder wenn man eine
Vorstellung von einer besseren Zukunft hat, die noch keine Realität ist. Die
Bibel selbst fordert uns zum Kämpfen auf: »Legt die komplette Waffenrüstung
Gottes an« (Epheser 6,11). Doch diese Waffenrüstung sollte niemals dazu die-
nen, gegeneinander zu kämpfen, sondern miteinander. Das negative Bild der
Wirtschaft, das Jennifer Armburst aufmalt, trifft ja tatsächlich zu. Es ist ein
Sammelsurium an bösen Eigenschaften, die sich in vielen Bereichen unseres Lebens und eben auch in der Wirtschaft Raum verschaffen. Deshalb sagt
die Bibel weiter: »Denn wir kämpfen nicht gegen Menschen, sondern gegen
Mächte und Gewalten des Bösen, die über diese gottlose Welt herrschen und
im Unsichtbaren ihr unheilvolles Wesen treiben« (Epheser 6,12 HFA). Wir gewinnen diesen Kampf nicht, wenn wir gegen Menschen kämpfen, denn dann
verfehlen wir unser Ziel, aber Gott ruft uns auf, gemeinsam gegen das Böse zu
kämpfen. Ist es nicht interessant, dass dieser Abschnitt direkt auf den über die
Beziehung zwischen Frauen und Männern, Eltern und Kindern und Sklaven
und Herren folgt? Und ist es nicht umso spannender, dass er eingeleitet wird
mit den Worten: »Zum Schluss noch ein Wort an euch alle« (Epheser 6,10

HFA). Mit keinem Wort werden mehr Hierarchien, Unterschiede und unterschiedliche Verantwortlichkeiten hervorgehoben. Alle sollen Seite an Seite kämpfen, Sklaven und Freie, Kinder und Erwachsene, Frauen und Männer – und zwar nicht gegeneinander, sondern miteinander! Der Verfasser des Textes nennt das Ziel des Kampfes: Er sagt: »Werdet stark!« (Epheser 6,10 HFA). Gottes Ziel des Kämpfens ist es nie, einen Menschen, ein Geschlecht oder eine Bevölkerungsgruppe zu schwächen, sondern alle zu stärken. Er weiß, dass sich in den Menschen zwar das Böse zeigt, aber nicht die Sünder die Bösen sind, sondern das Böse den Menschen zum Sünder macht. Wir kämpfen gegen die Sünde, nicht gegen den Sünder.

Im Gegensatz zu all den kämpferischen Stimmen beschreibt Danielle Strickland, Offizierin der Heilsarmee, die ideale Welt so:

Jesus lebt in den Tiefen der Gerechtigkeit, wo echte Beziehungen wichtiger sind als egoistische Ziele. Da, wo das Königreich Gottes alles auf den Kopf stellt, und dort, wo die Liebe Gottes in Gemeinschaft erfahrbar ist. In der Apostelgeschichte sehen wir eine Gemeinschaft aus Sklaven und Freien, Heiden und Juden, Männern und Frauen, Schwarzen und Weißen, die in einem selbstlosen, liebevollen Miteinander alles teilen. Das war ein radikaler Reich-Gottes-Moment mitten in einer gespaltenen Welt. Es machte die Mächtigen der damaligen Welt nervös, weil es so revolutionär war. Gleichheit zwischen Rassen, Klassen und Geschlechtern ist immer noch ein total explosiver Gedanke, vom tatsächlichen Leben ganz zu schweigen. Wenn Christen wirklich die Prinzipien des Königreichs leben würden, wären wir wandelnde Zeichen und Wunder für diese Welt. Gott schuf uns alle, Männer und Frauen, nach seinem Bild, um die Erde zusammen zu verwalten. Wenn wir das nicht schaffen, zeigt sich darin die Sünde und nicht Gott.[50]

Der Grund, aus dem ich mich für Gleichberechtigung und Frauenrechte ausspreche, ist nicht, dass ich mich selbst besser präsentieren kann. Es geht nicht darum, mir selbst eine Bühne zu schaffen und darauf zu Ehren zu kommen. Es geht mir darum, mich für eine Welt einzusetzen, in der Gott so repräsentiert wird, wie er es verdient und wie er es sich gedacht hat. Weder eine Wirtschaft, in der Männer dominieren, noch eine von Frauen regierte Arbeitswelt entspricht Gottes Vorstellung. Doch eine Wirtschaft, in der Frauen und Männer einander zuarbeiten, sich unterstützen und gemeinsam für eine bessere Zukunft kämpfen, entspricht genau Gottes Plan.

Während ich dieses Buch schreibe, muss ich selbst immer wieder meine Motive und mein Herz prüfen. Denn »Es geht hier nicht um mich« ist schwerer gelebt, als in die Tastatur getippt. Meine menschliche, egoistische Natur lässt sich schwerer verändern als die Worte in diesem Buch, und so ist Jesus nach wie vor dabei, diese Wahrheit in mein Herz hineinzuschreiben. Es ist wohl eine lebenslange Lektion, vermute ich. Immer wieder, gerade im Anblick von so ungerechten Statistiken wie denen von Frauen in der Wirtschaft, ertappe ich mich dabei, wie sich in mir ein Tornado der Wut aufbäumt. Mein Gerechtigkeitssinn schlägt Alarm, und ich möchte auf die Barrikaden gehen, möchte Gesetze verändern, politische Systeme stürzen und kämpferische Reden schwingen. Und dann erinnere ich mich: »Wir kämpfen nicht gegen Menschen, sondern gegen Mächte und Gewalten des Bösen, die über diese gottlose Welt herrschen und im Unsichtbaren ihr unheilvolles Wesen treiben« (Epheser 6,12 HFA). Und vielleicht treiben diese Gewalten des Bösen auch immer wieder in meinem unsichtbaren Inneren ihr Unwesen? Zum Beispiel wenn ich mich für eine Frau in einer höheren Position einsetze, einfach weil sie eine Frau ist und nicht tatsächlich aufgrund ihrer Kompetenz? Oder wenn ich selbst stolz werde und mich für überqualifiziert und unterbezahlt für meinen Job halte und vermute, dass der Mann, der meinen Wunschjob macht, diese Position nur bekleidet, weil er männlich ist. Oder in den Momenten, in denen ich mit meinem Mann darüber streite, dass ich 75 Prozent arbeiten möchte anstatt 25 Prozent und er doch bitte beruflich zurücktreten soll, anstatt mich zu fragen, was eigentlich gerade meine Berufung ist, und mich innerlich dagegen sträube, den Berufstitel »Hausfrau und Mutter« länger als zwei Jahre innezuhaben. Nicht weil es mich nicht glücklich macht, nicht weil mein Mann zu viel arbeitet, nicht weil wir dann mehr Geld zur Verfügung hätten, sondern einfach nur, weil ich es ungerecht finde. Doch es ist genau dieses Mindset, das mich dazu bringt, die Männer zu bekämpfen – inklusive meines eigenen Mannes. Durch diese vergleichenden und bewertenden Gedanken werden Männer zu meinen Gegnern, obwohl sie meine Mitstreiter sind. Ich mache sie klein, um mich groß zu machen. Ich werte sie im Vergleich ab, um besser dazustehen.

Ich mache damit uns alle zu Verlierern, denn wir brauchen keine Quotenfrauen. Wir brauchen keine Managerinnen aus Prinzip, für die Zahlen, damit wir uns gleichberechtigt und gleichwertig fühlen. Wir brauchen mehr

Frauen in der Wirtschaft und mehr weibliche Führungskräfte allgemein, nicht weil es sonst unfair wäre, sondern weil wir sonst Gottes Plan verfehlen. Anstatt Quotenfrauen brauchen wir berufene Leiterinnen, die bereit sind, Gottes revolutionärer Welt in der Wirtschaft ein Gesicht zu geben. Wir brauchen Kämpferinnen gegen das Böse und nicht gegen Männer. Frauen, die sich an die Seite von Männern stellen, um sie vor Fehlern zu bewahren, um sie zu stärken und selbst gestärkt zu werden. Frauen, die Männer brauchen, um ihr Potenzial zu entfalten, und die von Männern gebraucht werden, damit sie alles aus ihren männlichen Kollegen herausholen. Auf dem Klappentext des Buches »Wölfin unter Wölfen« sagt Managementberaterin Gertrud Höhler: »Der erfolgsorientierte Vereinfacher Mann muss sich zusätzlich der komplexen Problemsicht der Frau bedienen, er muss das Schwarz-Weiß seines Tunnelblicks mit farbigen Bildern anreichern«, denn sie ist fest davon überzeugt, dass Männer ohne Frauen im Team mehr Fehler machen. Ihre Formel heißt nicht »Alle Macht den Frauen« oder »The future is female«, sondern »Mixed Leadership«. Sie beschreibt Männer als »High-Risk-Gambler« und Frauen als »Safe Investors« und betont immer wieder, wie gut Frauen und Männer sich ergänzen.

Aufgrund von Geschichten wie die der Soloposaunistin Abbie Conant finden heute weltweit die meisten Vorspiele hinter einer Stellwand statt, um keinen der Bewerber nach irgendeinem anderen Kriterium als der tatsächlichen musikalischen Leistung zu bewerten. Seitdem werden wesentlich mehr Frauen eingestellt. Darüber hinaus ist die Qualität der Musik in den Konzerthäusern weltweit deutlich gestiegen.[51] Diese Frauen wurden nicht benötigt, um den Frauen einen Gefallen zu tun, und auch nicht, um Gerechtigkeit herzustellen. Sie werden in Orchestern benötigt, um aus dem Orchester herauszuholen, was möglich ist. Nur wenn Frauen und Männer zusammenspielen, erfahren wir, wie gut wir wirklich sein können und zu welchen Leistungen Gott uns geschaffen hat.

BIBLISCHE KARRIEREFRAUEN

Doch immer noch halten sich Frauen in Teams auf der Arbeit klein, weil sie in der Bibel – losgelöst vom Kontext – lesen, die Frauen sollen sich den Männern unterordnen. Dabei ist davon überhaupt nicht die Rede! In Epheser 5,21 steht: »Ordnet euch aus Achtung vor dem Herrn bereitwillig einander unter. Ihr Ehefrauen sollt euch euren Männern unterordnen ...« Über Unterordnung in der Ehe schreibe ich ausführlicher in Kapitel 5, doch ich möchte hier schon einmal hervorheben, dass dieser Vers zunächst von *gegenseitiger* Unterordnung spricht. Darüber hinaus geht es in diesem Text ausschließlich um Ehefrauen. Er behandelt die Beziehung zwischen Eheleuten, nicht die grundsätzliche Geschlechterfrage in unserer Gesellschaft.[52] Und was in einer Ehe gültig ist, gilt nicht automatisch für den Rest der Gesellschaft.

Die Bibel erzählt von vielen Geschäftsfrauen. Wenn ich sie lese, habe ich immer häufiger den Eindruck, dass es für Gott etwas sehr Normales ist, dass begabte Frauen ihre Talente einsetzen, um einen Beruf erfolgreich und einflussreich auszuüben. Ich denke zum Beispiel an Debora. Sie wird mit den Worten »Debora, eine Prophetin, die mit Lapidot verheiratet war, war zu dieser Zeit Richterin in Israel« (Richter 4,4) vorgestellt. Mich begeistert die Selbstverständlichkeit, die darin steckt. An keiner Stelle scheint der Autor es für nötig zu halten, zu betonen, dass sie eine Frau war, oder zu erklären, mit welcher Berechtigung sie diesen Beruf ausübte, *obwohl* sie eine Frau war. Es wird in den Fußzeilen nicht diskutiert, in welchem Kontext zur feministischen und zur konservativen Theologie die Erzählung über diese erfolgreiche Frau steht. Sie steht dort einfach. Weil Debora begabt war und dazu berufen, etwas zu bewegen. Gott hatte ihr natürliche und übernatürliche Fähigkeiten geschenkt, die sie in ihrer Tätigkeit als Richterin einzusetzen wusste, und so wurde sie erfolgreich und für alle Zeiten berühmt.

Auch scheint sich in der Bibel die Entscheidung zwischen einem Job und ehrenamtlichem Engagement viel seltener zu stellen, als ich es gewohnt bin. Häufig habe ich den Eindruck, es gilt als etwas Negatives, einen Beruf, bei dem man viel Geld verdient, auszuüben. Irgendwie scheinen wir Angst um unsere Demut zu haben, und weil viele erfolgreiche und reiche Menschen stolz und habgierig sind, fürchten wir, wir würden ebenfalls so werden, wenn wir die Karriereleiter zu hoch emporsteigen. Aber wer sagt denn, dass man nicht erfolgreich und im Anblick der gottgeschenkten Gnade nur umso demütiger werden kann? Wer sagt denn, dass man mit dem vielen Geld, das der Job einbringt, nicht die Gemeinde bauen kann? Noch nie wurde ein Haus ohne Geld gebaut, auch keine Kirche. Die Menschen, die die Gemeinde bauen, am Leben erhalten, andere begleiten … sie alle müssen versorgt werden, und das kostet

Geld. Das war schon in den ersten Gemeinden so. Vielleicht war deshalb der Geburtsort der Kirche Europas das Zuhause einer erfolgreichen Geschäftsfrau. Der Theologe Klaus Berger schreibt, dass jeder Altar in unseren Kirchen eine leise Erinnerung daran ist, wie die Kirche in Europa einmal begonnen hat: nicht in Kathedralen oder Kirchen, sondern am Küchentisch von Lydia.[53] Lydias Geschichte, wie Lukas sie beschreibt, ist kurz und informativ:

> *Am Sabbat gingen wir ans Ufer eines Flusses etwas außerhalb der Stadt, weil wir annahmen, dass die Einwohner sich hier zum Gebet trafen, und wir setzten uns hin, um mit einigen Frauen zu sprechen, die dort zusammengekommen waren. Eine dieser Frauen war Lydia aus Thyatira, die mit kostbaren Purpurstoffen Handel trieb. Sie war keine Jüdin, hielt sich aber zur jüdischen Versammlung. Während sie uns zuhörte, öffnete der Herr ihr das Herz für die Botschaft, die Paulus verkündete. Sie ließ sich zusammen mit allen, die zu ihrem Haus gehörten, taufen und bat uns, ihre Gäste zu sein. »Wenn ihr wirklich der Meinung seid, dass ich dem Herrn treu bin«, sagte sie, »dann kommt und bleibt in meinem Haus.« Und sie drängte uns so lange, bis wir nachgaben.*
>
> Apostelgeschichte 16,13-15

Als Paulus und seine Mitarbeiter in die Handelsstadt Philippi kamen, suchten sie Menschen, die Jesus brauchten und mit denen sie eine Gemeinde gründen konnten. Irgendwie hörten sie von Frauen, die sich regelmäßig am Fluss zum Beten trafen. Wäre Paulus wohl zu dieser Menschengruppe gegangen, wenn er so auf Frauen herabgesehen hätte, wie es ihm teilweise vorgeworfen wird?

Sie trafen also eine Gruppe Frauen. Die Bilder, die früher meinen Kopf bei den Worten »Frauen am Fluss« füllten, waren die von armen Frauen in Entwicklungsländern, die am Fluss ihre Kleidung waschen. Doch hier war die Situation ganz anders, denn die Frauen, denen Paulus dort begegnete, waren wohlhabende Geschäftsfrauen. Unter der Woche besuchten reiche Geschäftsmänner mit ihren Frauen und knallharte Händler die Purpurhändlerin Lydia in ihrem Modegeschäft. Und hier am Fluss trafen sich Lydia und ihre Freundinnen am Wochenende nicht zum Lästern, Kaffeetrinken oder zur Hausarbeit, sondern sie tankten Kraft für ihre harte Arbeit mitten in der Handelsstadt, indem sie miteinander beteten. An diesem einen Tag kam nun Paulus vorbei, erzählte ihnen von Jesus, und Gott selbst veränderte in diesem Moment Lydias Herz. Sie war entschlossen, ihr Leben in die Hände von Jesus zu legen, überzeugte auch ihre Angestellten, dies zu tun, und ließ sich zusammen mit allen Menschen, die für sie arbeiteten und mit ihr lebten, taufen. Hier würde die Geschichte enden, wenn Lydia nicht eine so selbstbewusste Frau gewesen wäre. Paulus und seine Mitarbeiter waren darauf bedacht, niemandem zur Last zu fallen und selbst für ihre Unterkunft und Verpflegung zu sorgen, doch Lydia hatte Feuer gefangen. Sie wollte mehr, wollte die von Gott geschenkte Gnade weitergeben und ihre Fähigkeiten einsetzen, und so nötigte sie Paulus und seine Leute, bei ihr zu Gast zu sein. Sie ließen sich überzeugen – wahrscheinlich ähnlich wie all die Händler und Kunden, die Lydia täglich für ihre Stoffe begeisterte – und zogen bei Lydia ein. Keine Rede von Geschlechterunterschieden, von unverheirateten Männern, die nicht bei alleinstehenden Frauen wohnen dürfen. Kein Wort von all den Problemen, die in unserer Kirchenwelt in solchen Situationen diskutiert werden würden. Denn Lydia und Paulus hatten ein Ziel: das Böse bekämpfen und eine Kirche bauen. Und so wurde Lydias Haus nicht nur der Ort, an dem Paulus zu Gast war, sondern auch der Zufluchtsort, an den er zurückkehrte, nachdem er aus dem Gefängnis freigekommen war[54], und der Ort, an dem die Kirche der Philipper gegründet wurde. Lydia war eine beispielhafte Karrierefrau, die sich von Gott bewegen ließ und ihre Fähigkeiten und Ressourcen großzügig einsetzte. Nirgendwo ist die Rede davon, dass sie, nachdem sie Jesus kennengelernt hatte, ihren Beruf niederlegte, niemand sagte ihr, sie solle das tun. Nein, ihr Beruf und ihr Wohlstand waren es, die dabei halfen, die erste Kirche zu bauen.

Solche Frauen treffen wir im Neuen Testament noch häufiger, denn Jesus war von ihnen umgeben. Viele Frauen folgten Jesus nach und dienten ihm mit ihrem Vermögen.[55] Sie unterstützten Jesus mit dem, was sie in ihrem Job verdient hatten. Das »Dienen« hier meint nicht einen Tischdienst oder hauswirtschaftliche Tätigkeiten wie Kochen oder Putzen, sondern bedeutet ganz eindeutig wirtschaftliche Fürsorge.[56] Die Frauen wurden nach griechisch-römischem Vorbild zu einer Art »Patronin«[57], und wir können uns nur ausmalen, wie schockierend und provozierend es für die damalige Kultur war, dass Jesus dieses emanzipierte Verhalten der Frauen unterstützte und sogar selbst davon profitierte. Jesus war ganz eindeutig ein Freund der Frauen in jedem Lebensbereich.

In Sprüche 31 wird eine weitere vorbildliche Frau beschrieben. Sie ist die Frau aller Frauen, die Power-Frau der Bibel, das Vorbild von christlichen Frauen über Jahrhunderte. Im Kapitel über Frauen in der Familie werde ich alle Wirkungsbereiche der tugendhaften Frau in den Sprüchen aufgreifen, doch hier möchte ich nur diejenigen ihrer herausragenden Fähigkeiten betonen, die sich mit ihrem wirtschaftlichen Wirken beschäftigen:

> *Vor Morgengrauen steht sie auf, um das Frühstück für das ganze Haus zuzube-*
> *reiten und den Mägden ihre Arbeit anzuweisen. Sie hält nach einem Feld Aus-*
> *schau und kauft es, um von dem Gewinn einen Weinberg anzupflanzen. Sie*
> *ist energisch und stark und arbeitet hart. Sie achtet darauf, guten Gewinn zu*
> *erzielen; ihre Lampe brennt bis tief in die Nacht hinein. Ihre Hände spinnen*
> *fleißig Garn, ihre Finger zwirbeln geschickt den Faden.*
>
> Sprüche 31,15-19

Diese Frau wird als fleißige Frühaufsteherin beschrieben, die Angestellte gut behandelt und anleitet (V. 15). Sie ist ehrgeizig und arbeitet, damit sie bekommt, was sie möchte (V. 16). Sie ist stark, nicht nur innerlich, sondern auch physisch (V. 17), und das scheint nicht als unweiblich zu gelten. Um erfolgreich zu sein, arbeitet sie bis spät in die Nacht hinein (V. 18) und ist sich nicht zu schade, selbst mit anzupacken (V. 19). Dass so eine emanzipierte biblische Frau für so manchen konservativen Theologen zu viel des Guten ist, dürfte uns nicht überraschen, und tatsächlich beschränkt beispielsweise die katholische Kirche den Text in ihrer Leseordnung auf die Verse 10-13, 19-20 und 30-31 und beraubt ihn so ausgerechnet der Passagen, die die Frau als »ökonomisch selbststständiges Subjekt«[58] schildern, wie der katholische Theologe Oliver Achilles kritisiert. Eine Managerin, eine Geschäftsfrau, eine Handeltreibende ist diese Frau in der katholischen Lesung nicht mehr. Aus dem »Lob der tüchtigen Frau« wird ein »Lob der Hausfrau« – das hat mit dem ursprünglich Gemeinten und Gesagten nicht mehr viel zu tun.[59]

Die Frauen der Bibel mussten nicht alle Karriere machen. Sie mussten ihre Kinder nicht mit einem Jahr in die Kita schicken, wenn sie es nicht wollten. Sie waren nicht weniger wert, wenn sie sich für ein Leben als Hausfrau und Mutter entschieden oder wenn sie Sozialarbeiterinnen oder Krankenschwestern wurden und in sozialen Berufen weniger verdienten. Sie durften ihre Eltern pflegen und selbst kinderlos keinen Beruf ausüben. Aber keine begabte, begnadete und gebildete Frau musste sich aufgrund ihres Geschlechts im Beruf kleinhalten. Und das muss sie auch heute nicht. Wir müssen nicht gegen Männer kämpfen, müssen nicht die Macht an uns reißen, und wir müssen uns nicht auf die Karriereleiter prügeln, wenn unser Herz für ganz andere Wirkungsbereiche schlägt. Doch wir sind berufen, das einzusetzen, was Gott uns an Ressourcen, Fähigkeiten und Talenten geschenkt hat. Wir dürfen, ja sollen sogar[60], erfolgreich darin sein und daraus möglichst viel Profit schlagen. Es ist nicht unchristlich, als Frau im Job erfolgreich zu sein, die Frauen der Bibel geben uns das beste Beispiel dafür! Und wieder sehen wir, dass bei Gott viel mehr Vielfalt und Entscheidungsspielraum für Frauen möglich ist, als wir oft für möglich halten. Er macht eben oft nur ein Komma, wo wir einen Punkt setzen würden.

Interview mit
Luisa Huyskens

Ich kenne Luisa noch als Teenager in meiner Jugend-gruppe. Mittlerweile ist sie eine erwachsene, reife, lei-denschaftliche und bewundernswerte junge Frau, die in England studiert hat und gleich sehr erfolgreich in die Arbeitswelt eingestiegen ist.

Sarah: Luisa, wenn ich dein Leben ansehe, dann hast du dich nicht danach ausgerichtet, in erster Linie ei-nen Mann zu finden, Kinder zu bekommen und Ehe-frau zu sein, oder?

Luisa: Die einfache Antwort auf diese Frage lautet Nein. Ich habe mich nie in erster Linie danach ausgerichtet, eine Familie zu gründen. Genauso wenig habe ich aber meine Karriere vorangestellt. Ich halte beide Aspekte möglichst lose in meinen Händen und richte mich in erster Linie darauf aus, mich auf Gottes Plan einzu-lassen.

Das mache ich, indem ich versuche, in allem immer mein Bestes zu geben. In der Bibel steht doch: »Und alles, was ihr tut mit Worten oder mit Werken, das tut alles in dem Namen des Herrn Jesus« (Kolosser 3,17 LUT). In dem Vertrauen, dass Gott mich genau da hat, wo er mich haben will, haben sich über Jahre Leidenschaften, Ideen und Stärken in mir entwickelt, die mich zu meiner Gegenwart führen.

Sarah: Ich nehme dich als eine ambitionierte junge Frau in der Wirtschaft wahr. Was genau machst du beruflich?

Luisa: Ich habe vor einigen Monaten meinen Universitätsabschluss in Business Management erhalten. Gleich danach bin ich als Operations Analyst bei einer Telekommunikationsfirma eingestiegen. Ich arbeite an vielen Projekten, bei denen es um Business-Prozess-Entwicklungen geht, was mir sehr viel Spaß macht.

Sarah: Hast du berufliche Ziele, die über das hinausgehen, was du gerade tust?

Luisa: In meinem Studium habe ich mich hauptsächlich auf Wirtschaftspsychologie und Unternehmenskultur spezialisiert. Mit diesem Hintergrundwissen möchte ich ins Personalwesen einsteigen, um eines Tages strategisch an Recruitment-Prozessen teilzuhaben. Ich möchte auch an der Entwicklung einer Unternehmenskultur mitwirken und am liebsten einfach mal den ganzen Human Resources Zyklus* erlebt haben.

Sarah: Aus welchem Grund arbeitest du an einer erfolgreichen beruflichen Karriere? Was hat das mit Gott zu tun?

Luisa: Diese Frage stelle ich mir jeden Tag selbst. Wohl fast jeden Abend, vorm Schlafengehen, zweifle ich an meinen Gründen und wünschte, ich hätte eine Möglichkeit, in mein eigenes Herz zu sehen. Wenn es die Gewissheit gäbe, hundert Prozent sicher zu sein, dass ich eine Karriere verfolge, um Gott zu ehren, würde

---

* Der Zyklus ist ein gängiges Modell, das im Personalwesen die essentiellen Kernaufgaben rund um die »Resource« Mensch beschreibt. Die Teilbereiche heißen Mitarbeitersuche, -einbindung und -entwicklung, Führungsentwicklung, Evaluierung, Werte und Organisationsentwicklung.

ich alles dafür geben. Aber ich kann mir nicht hundert Prozent sicher sein, also muss ich darauf vertrauen, dass Gott mein Herz sieht und dass das genügt. Manchmal motivieren mich der Status und die Identität, die ein Unternehmen mit sich bringt. Manchmal motivieren mich die Sicherheit, die ein Beruf bieten kann, oder der Lifestyle, den eine Karriere trägt. Aber ich darf jeden Tag neu darauf vertrauen, dass Gott auch meine unperfekten Motive für sein Reich gebraucht, denn er sieht über meine Menschlichkeit hinaus und tief in mein Herz.

Ich möchte am Arbeitsplatz ein Segen sein, ich will die Atmosphäre verändern, die sich schon so stark in der Wirtschaft eingeprägt hat. Ich will eine starke Wirkung auf die Kultur haben und verdeutlichen, dass Demut, Güte, Geduld, Freude, Ehrlichkeit und Liebe auch einen Platz in der Wirtschaft haben.

Sarah: Du hast eine Zeit lang einen Blog namens »leweeza« geschrieben, um junge christliche Frauen zu ermutigen, ambitioniert und erfolgreich zu sein, was ist deine Vision dahinter?

Luisa: Die Vision ist, eine Mentalität in jungen christlichen Frauen zu erwecken, die Ambition und Streben nicht ablehnt. Denn viele Frauen unterschätzen sich selbst. Das bedeutet im Grunde genommen, dass wir auch Gott unterschätzen. Wir sind so besessen davon, uns für eine einzige Sache zu entscheiden (Karriere oder Leidenschaft oder Familie oder Weltreise …), und wir machen uns solche Sorgen, dass wir versagen könnten, dass wir allein nicht klarkommen, dass ein Beruf unheilig ist, dass wir falsche Motive haben oder dass wir es nicht verdienen, ambitioniert zu sein. Dabei hat Gott uns doch geschaffen, er liebt uns bedingungslos und liebt es, wenn wir aufblühen und das Beste aus unserem Leben zu seiner Ehre machen.

Den Blog habe ich gestartet, um zu teilen, dass wir unbedingt Frauen brauchen, die aus negativen Gedanken ausbrechen und Gott durch mutige Schritte und Einfluss am Arbeitsplatz ehren.

Sarah: Glaubst du, Männer stehen Frauen auf der Karriereleiter im Weg?

Luisa: Auf jeden Fall stehen Männer uns im Weg. Aber genauso steht die Gesellschaft mit ihren Gewohnheiten uns im Weg und genauso stehen wir uns oft selbst im Weg. Deswegen dürfen wir uns nicht so sehr auf Männer fokussieren, sonst vergessen wir, dass Männer nicht über unsere Karrieren herrschen, auch wenn es sich manchmal so anfühlt, sondern Gott. Gott hat ohne Zweifel immer das letzte Wort. Egal wo du gerade auf deiner Karriereleiter stehst, Gott steht dort mit dir, und er bestimmt, wer in deinem Weg stehen darf und wer nicht.

Sarah: Was würdest du einer Frau antworten, die dich fragt: »Luisa, glaubst du, Gott erlaubt mir, nach einer Beförderung zu fragen?«

Luisa: Ich würde fragen: Wieso sollte Gott dir das nicht erlauben? Die Antwort auf diese Frage fände ich interessant, und sie würde wahrscheinlich bestimmen, welchen Rat ich gebe. Im Großen und Ganzen bin ich aber fest davon überzeugt, dass Gott sich weniger Gedanken darum macht, ob du nach einer Beförderung fragst, sondern dass er mit deinem Herzen beschäftigt ist. Wer du bist und in wen du dich verwandelst, liegt ihm mehr am Herzen, als was du täglich von neun bis achtzehn Uhr machst.

Wenn wir seine Absichten für unser Leben verstehen, dann verändern sich unsere Fragen. Dann lösen wir uns langsam los von »Erlaubt Gott mir …?« und »Was soll ich tun?« Fragen wie »Wo kann Gott mich am meisten gebrauchen oder prägen?« oder »Wie wird eine Beförderung Gott ehren?« geben dir einen bedeutsamen Grund für deine Entscheidung und legen den Schwerpunkt auf Gott.

Luisa, ich bin so froh, dir dabei zusehen zu dürfen, wie du dein Potenzial entfaltest und entdeckst und dabei genauso leidenschaftlich und mutig wie ehrlich und verletzlich bist! Vielen Dank, dass du uns an deinen Gedanken teilhaben lässt!

Drei

Verhängnis- volle Schönheit: Sexualisierte Frauen

Ist Schönheit verhängnisvoll?
Wie können schöne Frauen klug sein?

———

Drei

FRAUENKÖRPER AUF DER TITELSEITE

Wir leben in einer von Medien geprägten Welt, die uns ein Bild der Weiblichkeit aufzeigt, das unfassbar weit von der Realität entfernt ist und doch unsere Gedanken bestimmt. Wir sehen die Bilder von schlanken, großen, langbeinigen, flachbäuchigen Frauen mit reiner Haut und wohlgeformten Brüsten so oft, und unsere ganze Gesellschaft ist von diesem Schönheitsideal so tief geprägt, dass wir gar nicht merken, wie sehr es unseren Alltag beeinflusst. Häufig erwische ich mich bei dem Gedanken, dass ich gesünder, energetischer, frischer, motivierter und, ja, einfach glücklicher wäre, wenn ich nur fünf Kilogramm weniger wiegen würde. Oder wenn meine Haut ein bisschen weniger Unreinheiten hätte – das wäre schon mal ein erster Schritt. Oder wenn mein von Schwangerschaften ausgeleierter Bauch doch nur den Ansatz der darunter versteckten Bauchmuskeln zeigen würde.

Mia Freedman war Chefredakteurin der Zeitschrift Cosmopolitan. Sie erzählt die Geschichte von einem besonderen Model ihrer Zeitschrift. Wie alle Models auf der Titelseite des glänzenden, glamourösen und hochaufgelegten Magazins war Shannon wunderschön. Sie hatte kurze, glatte blonde Haare mit schimmernden, fast weißen Strähnchen, die ihr Gesicht umspielten. Unter ihrem

Pony leuchteten wunderschöne blaue Augen, die funkelten, wenn sie über Mode sprach. Ihre reine Haut war auffällig gleichmäßig und wirkte von der Sonne geküsst. Sie hatte ein gewinnendes weißes Lächeln und wahnsinnig emphatische Ansätze von kleinen Lachfalten in ihren Augenwinkeln. Sie war groß und trug Größe 44. Und ihre Kleidergröße war der einzige und doch der entscheidende Unterschied zu all den anderen Models der Zeitschrift. Die Chefredakteurin war entschlossen, das Frauenbild zu verändern, und wollte, dass diese Frau nicht, wie bei den normalen Übergrößenshootings, in einer altbackenen Strickjacke und weiter, schlabberiger Kleidung dargestellt würde, sondern genauso modern, sexy und trendy, wie all die Frauen mit Größe 36. Doch sie stieß auf starken Gegenwind. Zunächst versuchte man, ihr weiszumachen, es gäbe keine Kleidung in solchen Größen. Die Modefirmen machen zwar ihren größten Umsatz mit den Kleidergrößen bis Größe 46 oder 52, doch für ein Fotoshooting war kein Modedesigner bereit, Kleidung in Größe 44 zur Verfügung zu stellen. Die Mode sollte ausschließlich an schlanken Körpern präsentiert werden und nicht mit Übergewichtigen (in Wirklichkeit Normalgewichtigen) in Verbindung gebracht werden. Nach langer Suche fand sich ein Designer, der bereit war, seine Kleider zu opfern. Schließlich fanden sich zwar genug Personen, um das Fotoshooting durchzuführen, doch keiner der Beteiligten wollte namentlich in der Zeitschrift genannt werden. Vom Visagisten bis zum Fotografen schämten sich alle, eine gesunde Frau mit durchschnittlicher Kleidergröße in einem Frauenmagazin abzulichten.[61] Das ist die Welt hinter den Fotos, mit denen wir uns vergleichen und in denen wir unser Glück suchen!

Taryn Brumfitt, die Gründerin von »The Body Image Movement«, berichtet, wie sie auf einem Bodybuilding-Wettbewerb Frauen traf, die von außen betrachtet einen perfekten Körper hatten. Sie hatten viel Zeit, Geld und Energie dafür investiert und hätten eigentlich zufrieden und stolz auf sich sein können. Sie hatten erreicht, wofür sie so hart gearbeitet hatten. Doch Taryn berichtet, dass sie hinter den Kulissen keine selbstbewussten, fröhlichen und zufriedenen Sportlerinnen traf, sondern Frauen, die ausschließlich über Essen sprachen, vorzugsweise über all das, was sie gern gegessen hätten, aber nicht essen durften. Und über die Makel ihres Körpers – der Grund, weshalb sie nicht aßen, was sie gern gegessen hätten. Die Frauen auf den Titelseiten der Magazine und die Prominenten aus den Kolumnen, in denen darüber berichtet wird, wie diese Prominente so schnell so viel abgenommen hat oder wie jenem Model schon acht Wochen nach der Geburt die Schwangerschaft nicht mehr anzusehen war, sind nicht glücklicher als alle anderen Frauen.[62]

Mia Freedman erzählt im Film »Embrace«, wie sie selbst nach dem Durchblättern eines Magazins grundsätzlich unzufrieden war. Sie hatte danach den Eindruck, sie sei nicht groß genug, nicht dünn genug, nicht blond genug – einfach nicht genug. Und ich fühle mit ihr. Mir selbst geht es genauso. Zeitschriften, ein Medium, das so viel Potenzial hat, Frauen zu fördern, stark zu machen und zu ermutigen, machen uns letztendlich kleiner, als wir sind, und hinterlassen ein Gefühl der Leere. Warum? Weil ein Bild von Frauen aufgezeigt wird, das nicht der Realität entspricht. Die Körper der Frauen in den heutigen Magazinen sind zum großen Teil nicht gesund. Viele von ihnen haben Essstörungen oder leiden unter extremem Stress und Depressionen, weil die

Fokussierung auf ihren perfekten Körper ihnen so viel Energie raubt, dass ihr ganzes Leben sich nur um Sport, Ernährung und Mode dreht.

Die engstirnige Modeindustrie hat Bilder in unsere Köpfe eingepflanzt, die uns vorgaukeln, wir wären glücklicher, wenn wir nur schlanker wären. Doch wenn wir weniger wiegen, werden wir nicht glücklicher, wir wiegen nur weniger. Wenn wir sportlicher sind, sind wir nicht zwangsläufig glücklicher, nur sportlicher. Wenn wir mehr Salat und weniger Fast Food essen, sind wir nicht automatisch glücklicher, wir ernähren uns nur gesünder. Und wenn wir schlanker sind, sind wir nicht automatisch schön oder gesund, sondern einfach nur schlanker. Wir haben *schlank* mit den Worten *gesund und glücklich* belegt, doch damit liegt auf diesem Zustand eine zu große Erwartung. Schlank sein macht nicht glücklich, es macht einfach nur schlank.

Die Frauen auf den Titelseiten unserer Frauenmagazine sind aber nicht nur auf dem Zeitungspapier abgedruckt. Ihr Einfluss geht viel weiter und tiefer. Ihr Körperideal ist in den Stoff unserer Seelen eingearbeitet. Wir haben sie lange genug angesehen und uns oft genug mit ihnen verglichen, dass wir begonnen haben zu glauben, sie würden Schönheit verkörpern. Auf gewisse Weise tun sie das auch, denn natürlich sind sie schön. Doch nicht *nur* diese Frauen sind schön! Frauen in Kleidergröße 46 sind ebenso schön. Frauen mit hängenden Busen und breiten Hüften und gewellten Bäuchen sind ebenfalls schön. Ja, es liegt in unserer Hand, uns gesund zu ernähren und gut für unseren Körper zu sorgen. Und ja, unser Gewicht und unsere Kleidergröße können wir – in gewissem Maße – beeinflussen. Aber allein Gott hat uns erschaffen.

Gott entscheidet, wer schmale und wer breite Hüften bekommt. Er sagt, wer dunkle und wer helle Haut hat, wer große und wer kleine Brüste hat, wer schnell Muskeln aufbaut und bei wem es länger dauert. Er bestimmt, welche Körperteile zuerst Fettreserven anlegen, und er allein entscheidet über die Beschaffenheit unserer Haut, unsere Muttermale, die Form unserer Fingernägel und die Struktur unserer Haare.

Wenn ich mir nur die Vielfalt der Körper und Gesichter von den Frauen auf den Fotos in diesem Buch ansehe, muss ich staunend und ehrfürchtig zurücktreten und bin einfach begeistert, wie kunstvoll und liebevoll Gott kreiert. Wenn ich uns Frauen in all unserer Unterschiedlichkeit ansehe, muss ich daran denken, dass »Gott die Menschen nach seinem Bild (schuf), nach dem Bild Gottes« (1. Mose 1,27), und ich sehe Gott in der Schönheit von uns Frauen. Wir tragen seine Handschrift. Ich bin begeistert darüber, dass er so viel Schönheit und so viele Unterschiede geschaffen hat. Ich stelle ihn mir vor, wie er jede einzelne Wimper formt, wie er Sommersprossen sprenkelt und Haare färbt. Ich sehe ihn vor mir, wie er voller Vorfreude und Leidenschaft Arme, Beine und Hüften bildet. Einige lang, andere kürzer. Einige schmal, andere breiter – wie es ihm gefällt. Er malt die unterschiedlich geformten Augen und gibt ihnen ihre Farbe und Struktur. Er formt Brüste und freut sich schon über die Kinder, die er durch sie ernähren wird. Bei anderen Frauen kann ich das so leicht sehen – ich sehe ihre Schönheit und Gottes Handschrift so deutlich.

Und dann denke ich daran, wie ich manchmal kritisch vor dem Spiegel stehe. Wie ich begutachte, was Gott da geschaffen hat, und wie ich voller Unzufriedenheit verzweifle. Seitdem ich Kinder habe, bin ich nicht mehr nur unzufrieden mit vielen Teilen meines Körpers, ich traue mich kaum noch hinzusehen – und habe auch weniger Zeit dafür. Ich kann mich nicht erinnern, dass ich in den letzten zwölf Monaten einmal länger als eine Minute nackt vor dem Spiegel gestanden hätte und es ausgehalten habe, mich anzusehen. Alles, was ich sehe, ist nicht gut genug. Meine Hüften zu breit, mein Po zu flach, meine Brüste ausgeleiert und mein Bauch gleich mit. Frustriert wende ich mich schnell von meinem Spiegelbild ab und ziehe mich an. Unter Kleidung kann ich mich besser ertragen. In meinen Momenten vor dem Spiegel ist nichts mehr von Gottes Euphorie zu spüren, seine Freude über mich wurde von meinen harten und selbstanklagenden Gedanken aufgefressen. Sein Ideal von mir musste sich meinem Ideal – dem Ideal der Titelfrauen – unterordnen und ist nicht gut genug. Nach seinem Abbild fühle ich mich überhaupt nicht.

Was er mit Freude erschaffen hat, kann ich vor Scham kaum noch ansehen. Und mit dieser Wahrnehmung bin ich nicht allein, denn laut einer Umfrage hassen 91 Prozent aller Frauen weltweit ihren Körper. »Wabbelig«, »plump«, »unperfekt«, »abstoßend« waren die häufigsten Antworten einer Umfrage, bei der Frauen ihren eigenen Körper beschreiben sollten.[63] Aber wer hat eigentlich das heutige Schönheitsideal entworfen? An einem Schreibtisch in Photoshop, mit Mädchen voller Diäten und Frauen voller Botox? Und wie hat sich das in unser Hirn gebrannt? Wer hat das erlaubt? Wir etwa? Wann ist es in unsere Seelen geraten, und wie können wir zulassen, dass es bestimmt, ob wir glücklich oder unglücklich sind?

Was wäre, wenn wir die Vorstellung des perfekten weiblichen Körpers ab heute nicht mehr von den Titelseiten der Magazine prägen lassen, sondern Gott erlauben würden, seine Vorstellung von einer perfekten Frau in unsere

---

Seele einzuarbeiten? Wer weiß, vielleicht würde diese Frau gar nicht so anders aussehen als unser Spiegelbild?

Können wir David nachsprechen und sagen: »Ich danke dir, dass du mich so herrlich und ausgezeichnet gemacht hast! Wunderbar sind deine Werke, das weiß ich wohl« (Psalm 139,14), wenn wir wieder einmal nackt in den Spiegel sehen?

Wie wäre es, wenn wir das nächste Mal, wenn wir nackt sind, hinsehen. Lange und ausgiebig. Wenn wir uns jede Falte, jedes Grübchen – auch die auf unseren Oberschenkeln – ansehen und uns vor Augen malen, mit welcher Freude unser Schöpfer sie gemacht hat. Die Schablone der Titelseitenfrauen können wir für alle Zeiten aussortieren und durch die Frage ersetzen: Wer hat mich geschaffen und mit welcher Bestimmung?

SIND WIRKLICH ALLE FRAUEN (GLEICH) SCHÖN?

Und dann ist da die große Frage nach der Schönheit. Wer ist eigentlich schön? Ja ich weiß, jede Frau ist schön! Ich kenne all die Karten mit dem Aufdruck »Du bist wertvoll« und »Du bist Gottes kostbare Perle« mit Frauen inmitten von Blumen oder mit Sonnenuntergängen im Hintergrund. Aber ist das wirklich so einfach?

Nachdem ich selbst ein Stückchen davon verstanden hatte, dass Gott mich unabhängig von meiner Leistung und meinem Aussehen wertvoll findet, habe ich mich beim Anblick dieser Karten oft schuldig gefühlt. Denn ich sah zwar die Karten, aber ich sah auch die hübschen Frauen darauf. Ich wusste, dass jede von uns geliebt ist. Aber gibt es nicht dennoch Frauen, die von Natur aus attraktiver sind als andere? Frauen, nach denen sich selbst dann, wenn sie ungeduscht sind und einen Jogginganzug tragen, alle Männer umdrehen würden? Und andere, die durchschnittlich seltener und weniger Komplimente für ihr Aussehen bekommen? Ganz sicher liegt ein großer Teil dieses Phänomens an unserem mediengeprägten Verständnis von Schönheit. Aber wenn ich mal ehrlich zu mir und den schönen »Du bist wertvoll«-Karten bin, gibt es einfach Menschen, die von Natur aus ästhetischer und attraktiver sind als andere. Oder als ästhetischer wahrgenommen werden als andere. Es ist wissenschaftlich bewiesen, dass Menschen jedes Gesicht, das sie sehen, ganz automatisch immer auf seine Schönheit hin beurteilen.[64] Ob es nun an unserer menschlichen Wahrnehmung oder tatsächlich an der Beschaffenheit unserer Körper liegt, ist eigentlich unwesentlich. Fakt ist, unsere gottgegebene äußere Erscheinung hat Auswirkungen darauf, wie positiv andere Menschen uns wahrnehmen. Ich habe es nie so richtig gewagt zu glauben, ganz zu schweigen davon, es aufzuschreiben, dass nicht alle Frauen gleich schön sind, bis ein Dozent meines Mannes folgenden Satz sagte: »Schönheit ist – wie jede andere positive Eigenschaft auch – eine Gabe Gottes.« Aus dieser Perspektive hatte ich Ästhetik noch nie betrachtet. Aber diese Sichtweise nahm mir schlagartig all die Schuldgefühle, die ich angesammelt hatte, weil ich mich im Konflikt mit der Annahme, dass jede Frau (gleich) schön ist, und meiner persönlichen Wahrnehmung sah.

Tatsächlich finde ich für den Blick des Dozenten auf Schönheit biblische Beispiele. Von Ester beispielsweise heißt es: »Die junge Frau hatte eine schöne Figur und ein hübsches Gesicht« (Ester 2,7). Wenn dies erwähnenswert ist, dann deshalb, weil andere Frauen im Vergleich als von weniger schöner Gestalt und weniger hübschem Aussehen wahrgenommen werden. Über Batseba wird gesagt, dass sie »außergewöhnlich schön« war (2. Samuel 11,2). In 1. Mose 29,17 werden sogar zwei Schwestern direkt miteinander verglichen: »Lea hatte glanzlose Augen, Rahel aber hatte eine gute Figur und war wunderschön.«

Darüber hinaus besteht unter Theologen große Übereinstimmung über die Annahme, dass der Körper Jesu »missgestaltet« gewesen sei.[65] Darauf berufen sich viele Bibelverse wie Jesaja 52,14: »Er war so entstellt, dass sein Aussehen kaum mehr dem eines Menschen glich, und viele waren entsetzt, als sie ihn sahen«, und Jesaja 53,2-3: »Sein Äußeres war weder schön noch majestätisch, er hatte nichts Gewinnendes, das uns gefallen hätte. Er wurde verachtet und von den Menschen abgelehnt – ein Mann der Schmerzen, mit Krankheit vertraut, jemand, vor dem man sein Gesicht verbirgt. Er war verachtet und bedeutete uns nichts.«

Beim Lesen dieser Beschreibungen beginne ich zu ahnen, dass Gott keinen Hehl daraus macht, dass einige Menschen ästhetischere Körper haben als andere. Denn Schönheit ist eine unverdiente Gabe, und Gott verteilt sie – wie alle seine Gaben –, wie es ihm gefällt. Der Unterschied zwischen unserem und Gottes Denken ist nur, dass wir unseren Wert von dem Maß an Schönheit, das Gott uns schenkt, abhängig machen und er nicht. In

Gottes Augen kann eine Frau weniger ästhetisch sein als eine andere und dennoch gleich geliebt und gleich wertvoll.

Winnie Harlow ist ein dunkelhäutiges Model, das unter Vitiligo leidet. Diese Krankheit ist weder lebensgefährlich noch beeinträchtigt sie die körperliche Gesundheit, aber sie führt zu hellen, pigmentfreien Flecken der Haut, die sich in manchen Fällen ausbreiten, vereinzelt aber auch wieder verschwinden. Aufgrund ihrer dunklen Haut sind die hell pigmentierten Hautstellen bei Harlow noch deutlicher sichtbar als bei anderen an Vitiligo erkrankten Menschen. Nachdem sie in ihrer Kindheit sehr unter ihrer Andersartigkeit gelitten hat, ist sie später zu einem einzigartigen, auffällig gemusterten Model geworden. Sie schafft es, ihr im ersten Moment ungewohntes und daher unästhetisch wirkendes Aussehen als Kunst zu verkaufen, und schreibt unter einem ihrer selbstbewusst inszenierten Instagram-Fotos: »Der tatsächliche Unterschied ist nicht meine Haut. Es ist die Tatsache, dass ich meine Schönheit nicht in den Meinungen der anderen finde.«[66] Da höre ich eine Frau, die sich trotz aller menschlichen Makel selbst annehmen kann, und ich beginne, mich selbst nach dieser Freiheit zu sehnen.

Für mich liegt der erste Schritt, um mich mit meinem Körper anzufreunden, darin, mir einzugestehen, dass ich nicht genauso hübsch sein muss wie die schönsten Frauen, die ich kenne. Weil nicht alle Frauen gleich hübsch sind, muss ich mich nicht mit anderen vergleichen und versuchen, so auszusehen wie sie. Ich kann so schön sein, wie ich bin. Ich kann ich selbst sein und muss niemand anderes sein!

Mein zweiter Schritt liegt darin, Frieden damit zu schließen, dass ich geliebt bin, wie ich bin. Natürlich bin ich nicht perfekt. Wie konnte ich das vergessen? Weder mein Charakter noch mein Körper sind perfekt, und dennoch liebt Gott mich so, wie ich bin. Von innen und außen. Es ist vielleicht nicht jede Frau gleich ästhetisch, aber jede Frau ist gleich geliebt. Jede Frau ist gleich viel wert, ganz unabhängig von ihrem Aussehen – und ich bin es auch.

Im dritten Schritt frage ich mich, wie wir denn am besten mit diesem unterschiedlichen Maß an Schönheit umgehen – vermutlich wie mit jeder anderen Gabe auch. Wir haben den Auftrag und die Verantwortung, jede Ressource und Eigenschaft, die Gott uns schenkt, so einzusetzen, dass sie ihn ehrt und anderen Menschen dient. Wir dürfen und sollen das Beste daraus machen und unsere Talente einsetzen. Eine schöne Frau muss ihre Schönheit nicht verstecken aus der Angst, andere könnten sich davon in den Schatten gestellt fühlen. Von Gott geschenkte Schönheit darf und soll zelebriert und eingesetzt werden, denn wir dürfen alles, was Gott uns schenkt, genießen. Er will uns nicht ärgern, er will uns segnen.

Daher muss sich eine Frau mit einem geringeren Maß an Ästhetik nicht ständig mit anderen Frauen vergleichen und all ihre Energie darauf verwenden, so attraktiv zu werden wie die anderen. Es ist mit der Schönheit wie mit jeder anderen Gabe: Nur weil eine Frau eine Begabung zur Prophetie hat, ist eine andere Frau ja nicht weniger wert. Und nur weil eine von uns gut singen kann, müssen nicht alle anderen so lange üben, bis sie mühsam das Level an Gesangskunst erreicht haben, das eine andere Frau als natürliche Gabe geschenkt bekommen hat. Wie wäre es, wenn wir einfach beginnen, mit dem zufrieden und dankbar zu sein, was wir geschenkt bekommen haben, und daraus das Beste machen? Liegt darin nicht eine große Freiheit? Können wir einer anderen Frau gönnen, viel Schönheit zu haben, ohne das Gefühl zu haben, wir hätten zu wenig? Können wir gleichwertig und dennoch sehr unterschiedlich begabt sein?

Der Dozent, der mir diese Perspektive aufzeigte, führte seine Theorie noch etwas weiter aus. Denn er stellte diese These nicht auf, um Menschen miteinander zu vergleichen und zu bewerten, sondern um etwas anderes deutlich zu machen. Er sagte, dass Schönheit eine Gabe ist, mit der man – wie mit jeder anderen Gabe – umgehen lernen muss. Er machte deutlich, welche Verantwortung darin liegt, mit Schönheit gesegnet zu sein.

Und ich verstehe ihn, wenn ich Batseba ansehe, wie ihre auf dem Dach zur Schau gestellte nackte Schönheit sie und ihren König zum Ehebruch verleitete. Vielleicht war sie sich nicht bewusst darüber, wie viel Macht in ihrer Schönheit lag? Im Gegensatz dazu sehe ich Ester vor meinem inneren Auge. Wie das betrunkene und blinde Herz des Königs durch ihre Schönheit bewegt wurde. Ihre Anmut ließ ihn fühlen und öffnete Türen des Einflusses, die ohne ihr hübsches Äußeres verschlossen geblieben wären. Sie machte davon Gebrauch und rettete ihr Volk.

Auch heute sehen wir immer wieder, wie die Schönheit einer Frau Einfluss auf ihre Biografie nimmt. Die Politikerin Julia Klöckner schildert beispielsweise, wie sie zu Beginn ihrer Karriere aufgrund ihres Aussehens und ihrer Vergangenheit als hübsche Weinkönigin oft für weniger kompetent gehalten wurde als andere Frauen oder Männer. Sie beschreibt, wie sie durch – oft sogar gut gemeinte – Komplimente, die sich auf ihr äußeres Erscheinungsbild bezogen, in eine Schublade gesteckt wurde, bevor man ihre Argumente angehört hatte.[67] Auch Sahra Wagenknecht, Fraktionsvorsitzende der Linken, spricht davon, wie genervt sie von den Komplimenten über ihr Aussehen sei, denn dahinter stünde oft das Klischee, dass sie allein mit gutem Aussehen in die Führungsposition der Partei geraten sei.[68] Es gibt sicherlich schlimmere Probleme, als für zu schön für einen Job gehalten zu werden, aber diese Aussagen machen deutlich, dass Schönheit immer wahrgenommen und bewertet wird und immer Einfluss nehmen kann. Wenn wir uns von der Annahme verabschieden, dass unser Maß an Schönheit unseren Wert bestimmt, können wir beginnen, Schönheit dafür einzusetzen, etwas Positives zu bewirken. Jesus war schließlich das wertvollste Wesen, das jemals diesen Erdboden betreten hat, und dennoch konnte er es sich leisten, nicht besonders schön zu sein. Wenn wir beginnen, Schönheit als Gabe und als Geschenk zu sehen, können wir aufhören, einander nachzueifern, und uns einfach lassen, wie wir sind. Wäre das nicht das schönste Geschenk, das die Gabe der Schönheit uns machen kann: Uns zu lassen, wie wir sind, damit wir tun können, wozu wir geschaffen wurden?

UNSER KÖRPER – AUSSTELLUNGSSTÜCK ODER GEBRAUCHSOBJEKT?

Doch bedingungslose Selbstannahme wird nicht so einfach gelebt, wie sie in der Theorie klingt. Ich merkte das, als ich drei Monate nach der Geburt meines zweiten Kindes an mir heruntersah und dachte: »Uiuiui, da ist einiges passiert! – Und da muss jetzt jede Menge passieren! Möglichst schnell!« Da habe ich rasch mit meinem Mann den Ernährungsplan umgestellt, und die Anmeldung zum Fitnesstraining war schneller ausgefüllt, als ich das letzte Nutella-Brot gegessen hatte.

Dann saß ich total häufig mit Frauen zusammen, die mit den gleichen Gedanken in den Spiegel guckten und bereits auf die ersten Schönheitsoperationen sparten. Für mich war vieles an diesen Zusammentreffen verrückt. Erstens die Tatsache, dass ich mittlerweile in der Runde von dreißigjährigen Frauen meine Abende verbringe. Zweitens, dass ich bald selbst zu dieser Gruppe Frauen gehören würde, und drittens, dass das jetzt tatsächlich Themen waren, die uns beschäftigten.

Ann Voskamp schreibt, dass nicht nur die Krisen im Leben traumatisch sind, sondern auch der Spiegel traumatisch sein kann. Jede Form der Selbstreflexion, die Zeit an sich und das Altern sind traumatisch, denn wir sind dazu gemacht, die Ewigkeit einzuatmen.[69]

Ich bin Ende zwanzig, und ich entdecke an mir Lachfalten, graue Haare und all das, was zwei Schwangerschaften so hinterlassen. Ich werde älter. Längst nicht alt, aber eben älter. Und das kann Angst machen. Die Zeit in all

WIR HABEN SCHLANK MIT DEN WORTEN GESUND UND GLÜCKLICH BELEGT, DOCH DAMIT LIEGT AUF DIESEM ZUSTAND EINE ZU GROSSE ERWARTUNG. SCHLANK SEIN MACHT NICHT GLÜCKLICH, ES MACHT EINFACH NUR SCHLANK.

ihrer Unaufhaltsamkeit stellt sich mir vor, lässt sich auf mir nieder. Und so zeigt mein Körper mir, was meine Seele längst schon ahnt: Dieses Leben hier ist kurz, Zeit ist unaufhaltsam, und wenn es nicht mehr gibt als das Hier, dann gibt es Grund zur Besorgnis. Aber all das sind nur Hinweise auf die Tatsache, dass unsere Seelen für die Ewigkeit gemacht sind. Wir wollen nicht sterben, aber alt werden führt zum Tod, und das beginnen wir beim Blick in den Spiegel wohl zu riechen. Diese Warnung am Horizont kann uns Angst machen oder Hoffnung. Hoffnung auf das, was danach kommt – Vorfreude. Und sie kann Prioritäten setzen für das, was jetzt ist: unser Leben.

Denn unser Körper ist dazu da, um uns durch unser Leben zu tragen. Er ist da, um gebraucht – und verbraucht – zu werden. Jede unserer Falten bedeutet, dass wir gelacht und gedacht, gearbeitet und uns konzentriert haben. Wir haben das Leben ausgekostet! Jeder unserer Schwangerschaftsstreifen bedeutet, dass wir Leben getragen haben und gewachsen sind. In uns ist Leben entstanden, und wir waren Teil eines Wunders, für das unser Körper geschaffen wurde. Jedes Gramm Bindegewebe bedeutet, wir haben gelebt. Wir haben geatmet, getrunken und gegessen. Unser Herz hat geschlagen. Wir leben! Wir haben Hände, um zu helfen, Füße, uns zu tragen, einen Mund zum Lächeln, Bäuche, die Kinder beherbergen können, und Brüste, die sie ernähren. Unser Körper ist ausgestattet und fähig, so viel zu leisten, zu helfen, zu pflegen, zu ernähren, zu tragen und zu ertragen. Und ja, wir werden älter und, ja, das kann man sehen. Das soll man sogar sehen! Wie sind wir auf die Idee gekommen, dass es gut wäre, all das Erlebte, all die Zeit, all die Erfahrung und all die Erinnerung, die unser Körper widerspiegelt, auszulöschen und rückgängig zu machen? Wegzuschneiden und aufzuspritzen mit einer unechten Jugendlichkeit?

Ich trage Kleidergröße 42, wiege über 75 Kilo, habe graue Haare und Schwangerschaftsstreifen (die hatte ich übrigens schon vor der ersten Schwangerschaft). Mein Bindegewebe wird mit jedem Jahr und jedem Kind weicher und ich bekomme Falten im Gesicht. Und zwar nicht nur Lachfalten, sondern auch Denkfalten und Stirnfalten. Ich muss mich an mein sich veränderndes Selbst gewöhnen und damit leben lernen, dass ich mich verändere. Von außen und innen. Ich werde Sport treiben, mich gut ernähren, mich hoffentlich nicht gehen lassen und rausholen, was Gutes in meinem Körper steckt. Innen und außen. Und dann werde ich lächeln für noch mehr Lachfalten und vielleicht wird sich mein Bauch noch das ein oder andere Mal wölben und dann werde ich stillen für noch mehr satte Babys. Denn das Leben ist da, um es zu leben! Mein Körper ist da, um gebraucht zu werden, nicht um ausgestellt zu werden.

GEFALLENE, ZERBROCHENE SEXUALITÄT

Aus biblischer Sicht ist der menschliche Körper unser Instrument, um Gottes Auftrag auszuführen. Zunächst war unser Körper dazu da, um unsere Bestimmung zu verwirklichen, fruchtbar zu sein und uns zu vermehren und die Erde zu füllen.[70] Gott hat sich entschieden, durch die körperliche Einheit und das Verschmelzen der Körper von Mann und Frau neues Leben entstehen zu lassen. In seiner ursprünglichen Idee werden aus Liebe und Einheit neue Menschen geboren. Die menschliche Sexualität ist Gottes Ventil für neues Leben, sein Geschenk an die Liebenden und die tiefste körperlich erfahrbare Intimität, das Verschmelzen von Körpern und Seelen. Gott hat den Menschen nicht nur die Möglichkeit gegeben, sich zu vermehren, sondern er hat ihnen auch noch das Geschenk gemacht, dies zu genießen und Intimität körperlich zu erleben.

Und doch ist es unsere Sexualität, die uns immer wieder das Herz bricht. Denn anstatt Gottes Bestimmung zu erfüllen, missbrauchen wir diese fragile menschliche Seite oft, um anderen Menschen Schaden zuzufügen. Was einmal als himmlische Erfahrung gedacht war, wird für viele Menschen zur Hölle auf Erden.

Mir wurde das Ausmaß dieser Problematik ganz neu deutlich, als ich im Rahmen meines Studiums an einer Weiterbildung zum Thema Zwangsprostitution und Menschenhandel teilnahm. Die grausame Welt der missbrauchten Sexualität stellte sich mir und meinen Kommilitonen in all ihren schrecklichsten Formen und Farben vor. Jährlich werden in Deutschland etwa 12 000 Fälle von Kindesmissbrauch registriert.[71] Die Dunkelziffer ist viel höher, man geht davon aus, dass jedes vierte bis fünfte Mädchen und jeder neunte bis zwölfte Junge in der Kindheit missbraucht wird.[72] Laut einer UN-Studie werden weltweit 1,2 Millionen Kinder Opfer von Menschenhändlern, die sie wie eine Ware verkaufen und als Arbeitssklaven schuften lassen.[73] Wir lernten, dass die Eltern dieser Kinder den Erlös brauchten, um ihre restliche Familie zu ernähren, und wir erfuhren die Gründe für diese furchtbare Armut. Ich las Geschichten darüber, wie diese Kinder missbraucht wurden, um ihr Schamgefühl und all ihre natürlichen Schutzmechanismen zu zerstören, und wie sie dann weiterverkauft wurden, um ihre Körper mehrmals täglich unter schrecklichen Bedingungen als Ware anzubieten. Der sexuelle Missbrauch fügt Kindern einen traumatischen, oft lebenslangen Schaden zu. Der Weg zurück in ein normales Leben ist ihnen aufgrund ihrer Vergangenheit oft nicht möglich.[74]

Wir lernten, wie wenig die Regierungen unserer Länder dagegen unternehmen, wie die Probleme von an Grenzen verkauften Mädchen meistens dem jeweiligen anderen Land in die Schuhe geschoben werden und wie einmal in der Prostitution aufgewachsene Frauen ihre eigenen Kinder mit einer großen Selbstverständlichkeit in dieses Milieu einführen. Wir lasen Statistiken über Prävention und soziale Arbeit auf diesem Gebiet – und das alles wirkte auf mich wie ein winziger Tropfen auf einen viel zu großen heißen Stein. Nachdem uns all die Fakten und Zusammenhänge dieser Verbrechen erklärt wurden, wurden wir in einem Onlineforum gebeten, Stellung zu einem Zitat zu nehmen, das besagte, es sei unmöglich, diese Straftaten zu unterbinden, solange Menschen leben. In mir empörte sich etwas. Voller Wut auf dieses zum Himmel schreiende Unrecht wollte ich laut und deutlich zu verstehen geben, was für ein hoffnungsloser Ansatz dies sei und wie unmöglich ich es finde, so schlimmen Verbrechen so gelähmt und desillusioniert gegenüberzustehen. Doch als ich an der Reihe war, die Gründe zu nennen, weshalb ich immer noch glaubte, Zwangsprostitution und Menschenhandel könnten ausgerottet werden, war ich sprachlos. Mir fehlten die Argumente, und ich beschloss, zunächst die Kommentare der Kommilitonen durchzulesen, um mich von ihnen inspirieren zu lassen und mich gegebenenfalls ihrer Meinung anzuschließen. Ich las einen Kommentar nach dem anderen. Und mein Herz weinte. Irgendwann weinten auch meine Augen. Ich weinte mit dem Himmel, denn das, was ich hier las und was ich über den aktuellen Stand der menschlichen Sexualität gelernt hatte, konnte nicht weiter von der ursprünglichen Heiligkeit und Schönheit der menschlichen Intimität entfernt sein, die Gott geschaffen hatte! Einer nach dem anderen erklärte, dass er sich nach reiflicher Überlegung dem Zitat anschließen müsse, weil die Fakten leider so hoffnungslos erscheinen. Kein Mensch macht eine Weiterbildung zum Thema Zwangsprostitution, um am Ende festzustellen, dass er nichts dagegen ausrichten kann. Wir waren eigentlich in diesem Seminar, um nach Lösungen zu suchen, doch wir mussten den Tatsachen ins Auge blicken: Der Missbrauch von Sexualität ist so weit verbreitet und hat schon so zerstörerische Formen im Leben von so vielen Menschen angenommen, dass wir beim Anblick der Situation hoffnungslos verzweifelten.

Eine weitere grausame Form unserer gefallenen Sexualität ist die Vergewaltigung als strategisches Mittel zur Kriegsführung. In Sarajevo wurden 1992 etwa 30 000 Frauen vergewaltigt, um durch ihre gebrochenen Körper und Seelen die Stabilität ihres Volkes zu schwächen.[75] Eine dieser Frauen, Esmia Kundora, berichtet: »Die serbischen Soldaten zwangen mich, nackt auf einem Tisch zu tanzen. Ich war schwanger, doch das wusste ich damals noch nicht. Ich hatte bereits zwei Kinder. Sie vergewaltigten mich vor den Augen meines Sohnes, der damals zehn Jahre alt war.«[76] Ihre Geschichte ist eine von Millionen.

Zwangsprostitution und strategische Vergewaltigungen sind wohl zwei der offensichtlichsten und extremsten organisierten Formen des Missbrauchs und der Perversion der von Gott geschenkten und gottgewollten Sexualität. Doch wir sehen die Auswirkungen unserer gefallenen, brüchigen und in Unordnung geratenen Sexualität in so vielen weiteren Situationen.

Durch die andauernde Unklarheit darüber, ob Männer oder Frauen wichtiger sind, und den konstanten unterschwelligen Machtkampf darum, diese Frage für das eigene Geschlecht zu entscheiden, wird das intime, zerbrechliche und heilige sexuelle Verhältnis von Mann und Frau zu einer Waffe, die wir gegen uns selbst gerichtet haben. Unsere Gesellschaft hat sich im Angesicht von Menschenhandel, Zwangsprostitution, Cybermobbing und hohen Scheidungsraten bereits an diese selbstzerstörerische Macht gewöhnt, doch das bedeutet nicht, dass unsere Realität von Sexualität Gottes Vorstellung entspricht.

Aufgrund der physischen Überlegenheit der Männer stehen sie überall in der Versuchung, ihre Körperkraft zu nutzen, um Frauen zu kontrollieren. Wir sehen das immer, wenn ein Mann eine Frau missbraucht oder ihr gegenüber Gewalt ausübt. Aber wir sehen es auch jedes Mal, wenn ein Junge in der Schule ein Mädchen bloßstellt, mit dem er zuvor Sex gehabt hat. Wir sehen es beim Vater-Tochter-Inzest, bei dem Väter auf Kosten ihrer Tochter Befriedigung erleben, um ihr Gefühl der Machtlosigkeit zu überwinden.[77] Wir sehen es jedes Mal, wenn ein Mann seine schwangere Partnerin verlässt und die Tatsache ausnutzt, dass ein Baby im Bauch seiner Mutter und nicht seines Vaters heranwächst.

Im Gegenzug kann eine Frau aus dem gleichen Grund ihre Macht gegenüber Männern ausüben, denn sie allein kann Leben austragen. Sie allein kann Kinder gebären und wird deshalb von Natur aus von Männern begehrt. Eine Frau ist vielleicht nicht physisch so stark wie der Mann, aber ihre Fruchtbarkeit und ihre Sexualität sind eine potenzielle Quelle der Macht. Ihre Versuchung ist es, sich selbst zu objektivieren und zu sexualisieren, um Macht auszuüben. Anstatt ihren Wert und ihr Selbstbewusstsein daraus zu ziehen, dass sie nach Gottes Abbild geschaffen ist, wird sie versucht sein, ihre Anerkennung bei Männern zu suchen. Sie macht sich sicher nicht absichtlich zum Sexobjekt, aber sie hat gelernt – vielleicht nur instinktiv –, dass sie auf diesem Weg in dieser zerbrochenen Welt Macht hat. Hannah Anderson schreibt, dass durch diesen Machtkampf die Sexualität, die dazu geschaffen war, Mann und Frau zu vereinen, zu der Sache wird, die sie voneinander trennt.[78] Seit Adams und Evas Entscheidung, ihr Glück selbst in die Hände zu nehmen, ist die ursprüngliche Idee unserer Sexualität verloren gegangen. Seitdem die Sexualität in den Händen von bösen und egoistischen Menschen liegt, wird sie immer und immer wieder verwendet, um Menschen auszunutzen, zu kontrollieren und zu verletzen.

Doch Gott hat von Anfang an eine heiligere Idee gehabt. Einige seiner unbeschreiblich intimen, verletzlichen, heiligen und erfüllenden Gedanken über körperliche Intimität finden wir im Hohen Lied, dem wohl erotischsten Buch der Bibel.

Dort sucht eine Frau ihren Geliebten und fragt: »Habt ihr ihn gesehen, ihn, den meine Seele liebt?« Weiter erzählt sie: »Kaum war ich an ihnen vorübergegangen, fand ich ihn, den meine Seele liebt. Ich hielt ihn fest und ließ ihn nicht mehr los« (Hohes Lied 3,3-4). Sie macht sich nicht primär auf die Suche nach einem gut aussehenden, reichen oder mächtigen Mann, sondern nach einem, den ihre Seele liebt. In Gottes ursprünglicher Idee von sexueller Intimität ist Geschlechtsverkehr der körperliche Ausdruck unserer seelischen Verbundenheit. Zuerst finden sich zwei Seelen und dann erst folgt in diesem sicheren Rahmen der Ehe eine körperliche Verbundenheit. Außerdem ist gottgedachte Sexualität verbindend und vereinnahmend. »Ich gehöre meinem Geliebten und mein Geliebter gehört mir« (Hohes Lied 6,3). In Gottes Plan von der Intimität zwischen Mann und Frau gibt es keine One-Night-Stands und keine häufig wechselnden Geschlechtspartner. Nicht um den Spaß zu verderben, sondern um ihn zu gewährleisten. Können wir uns im Angesicht all der schrecklichen Missbrauchsszenerien noch eine Welt vorstellen, in der Sexualität ausschließlich im geschützten, sicheren und heiligen Rahmen einer verbindlichen Beziehung zwischen Mann und Frau gelebt wird? Was für eine liebevolle, leidenschaftliche und sichere Welt wäre das!

Durch Sexualität, die von Gott inspiriert ist, drücken wir unsere Wertschätzung füreinander aus, wie der Liebhaber aus dem Hohen Lied schwärmt: »Du bist so schön, meine Freundin, so makellos« (Hohes Lied 4,7). Wir geben unserer Dankbarkeit Gott gegenüber Raum und ehren ihn für das, was er geschaffen hat. Der Mann im Hohen Lied drückt es so aus: »Die Rundungen deiner Hüften sind wie Geschmeide: das Werk eines Künstlers« (Hohes Lied 7,2). Wie schön ist es, wenn wir im Körper des Partners Gottes Kreativität und Schönheit entdecken. Wäre es nicht herrlich, wenn sich unsere Sinnlichkeit dem Himmel entgegenstrecken würde?

Erotische Liebe ist ursprünglich außerdem einladend und nicht einfordernd. Die junge Frau ruft: »Mein Geliebter komme in seinen Garten und esse seine köstlichen Früchte!« (Hohes Lied 4,16; ELB). Sie lädt ihn ein. Sie hat keine Angst vor seiner körperlichen Überlegenheit, sondern sehnt sich nach ihr, weil sie sich geliebt und nicht ausgenutzt weiß. Körperliche Liebe ist dazu gemacht, verschenkt und nicht verkauft zu werden. Diese junge Frau lädt ihren Geliebten ein und sagt: »Dort will ich dir meine Liebe schenken« (Hohes Lied 7,13).

Wenn ich mir dieses Bild von Gottes Idee von der erotischen Beziehung zwischen Mann und Frau vor Augen male, wird mein Schmerz über die verkauften Mädchen, die missbrauchten Frauen, die von Jungen benutzten und bloßgestellten Schülerinnen und die verlassenen Schwangeren noch größer. Ihre Not schreit zum Himmel!

Die meisten Christen sind überzeugt von der Idee, dass Sexualität ausschließlich im Rahmen einer verbindlichen Ehe gelebt werden sollte. Doch unsere Antwort auf die Realitäten dieser gefallenen Welt führen uns selten in die Freiheit, tatsächlich Gottes Idee von erfüllender Sexualität zu erleben. Wir stellen so viele Regeln und Verbote auf, dass Sexualität zu etwas Negativem, Sündigen und Verbotenen wird, über das man nicht spricht. Wir haben solche Angst vor dem Missbrauch der Sexualität, dass wir sie eindämmen, um uns möglichst keiner Gefahr auszusetzen, selbst in die Versuchung zu kommen, sie zu missbrauchen.

Die Antwort einiger Kirchen auf diese Realität ist daraufhin leider, dass Frauen ganz genaue Kleidungsvorschriften bekommen. Sie sollen ihren

Körper nicht zur Schau stellen. Es wird ihnen vermittelt, sie seien dafür verantwortlich, Männer nicht in Versuchung zu bringen. Die Kontrolle über die männliche Sexualität wird damit auf perfide Weise in ihre Hände gelegt – eine Verantwortung, die keine Frau tragen kann. Männern wird im Gegenzug gesagt, sie sollten sich möglichst fern von Frauen halten, die nicht ihre Ehefrauen sind. Sie sollen keine weiblichen Freunde haben und keine Zeit allein mit Frauen in einem Raum verbringen, besagt die sogenannte »Billy Graham Regel«[79] (durch die Frauen der Einstieg in den pastoralen Dienst vielerorts erschwert wird). Ihnen wird dadurch vermittelt, dass Frauen ein ständiges und grundsätzliches Verlangen haben, sie zu versuchen, und dass von Frauen in gewisser Weise eine Gefahr ausgeht. Durch diese und ähnliche Regeln lehren wir einander, dem anderen Geschlecht gegenüber misstrauisch zu sein und deshalb lieber auf Abstand zu gehen, um uns bloß nicht auf das teuflische Terrain der körperlichen Anziehungskraft zu begeben.

Ich kenne eine junge Frau, deren Mann es im ersten Jahr ihrer Ehe schwerfiel, sich auf körperliche Nähe mit ihr einzulassen. Er sagte, er habe so viele Jahre erfolgreich versucht, dieses sexuelle Verlangen zu unterdrücken, dass er es tief in seiner Seele als etwas Negatives und Sündiges abgespeichert habe. Er konnte an Sexualität nichts Positives mehr finden, weil er ein Leben lang nur Regeln gehört hatte, die ihm rieten, sich vom Feuer der Erotik so fern wie möglich zu halten. Nach außen hin schien es so, als hätte dieser Mann alles richtig gemacht. Er wartete mit dem Ausleben seiner Sexualität bis zur Ehe und legte eiserne Disziplin an den Tag. Doch in seinem tiefsten Inneren hatte er über die Regeln Gottes Leidenschaft für Intimität verloren und musste sie nun mühsam und langsam (und auf Kosten seiner Ehefrau) wieder neu finden.

Solche Regeln können vielleicht ein paar sexuelle Fehltritte vermeiden, sie ändern vielleicht unser Verhalten, aber sie heilen nicht die Kluft und den Streit zwischen den Geschlechtern, sondern feuern ihn eher an und lassen die Kluft weiter werden.

Paulus greift dieses Phänomen im Brief an die Kolosser auf und schreibt:

Warum folgt ihr dann noch weltlichen Regeln wie: »Damit sollst du nichts zu tun haben, das sollst du nicht essen, dies nicht anfassen.« Solche Regeln sind nichts als menschliche Vorschriften für Dinge, die doch nur dazu da sind, von uns benutzt und verbraucht zu werden. Sie mögen weise wirken, weil sie Hingabe, Demut und strenge körperliche Disziplin verlangen. Aber sie sind ohne Wert und dienen nur menschlichen Zielen.

Kolosser 2,20-23

Er macht deutlich, dass solche Regeln zwar nach außen richtig wirken, aber uns letztendlich nur selbstgerecht machen und nicht unser Herz verändern. Die Lösung von ethischen Problemen durch Regeln bewirken zu wollen, baut nämlich auf der Grundlage auf, dass wir Menschen selbst unsere Probleme lösen können. Doch niemand kann die Sünde und das dunkle Verlangen selbst aus seinem Herzen löschen. Wofür wäre Jesus denn dann gestorben? Nur er allein kann unsere Herzen ändern – und er tut es!

Paulus schreibt weiter: »Wenn ihr nun mit Christus zu einem neuen Leben auferweckt worden seid, dann richtet euch ganz auf Gottes himmlische Welt aus. Seht dahin, wo Christus ist, auf dem Ehrenplatz an Gottes rechter Seite« (Kolosser 3,1 HFA), und an anderer Stelle: »Von uns allen wurde der Schleier weggenommen, sodass wir die Herrlichkeit des Herrn wie in einem Spiegel sehen können. Und der Geist des Herrn wirkt in uns, sodass wir ihm immer ähnlicher werden und immer stärker seine Herrlichkeit widerspiegeln« (2. Korinther 3,18). Paulus sagt mit anderen Worten, die Lösung liegt darin, sich von Jesus verändern zu lassen, und nicht darin, zu versuchen, durch Regeln die Welt zu verändern. Anstatt sich an Jesus festzuhalten, halten sich Christen viel zu oft an ihren Regeln fest. Hannah Anderson erkennt das und schreibt: »Wir durchbrechen den Kreislauf der gegenseitigen Manipulation zwischen Männern und Frauen nicht, indem wir mehr Regeln aufstellen, sondern indem wir uns mehr Jesus zuwenden.«[80]

Ja, es braucht etwas Mut, um Regeln loszulassen und die Kontrolle abzugeben. Es braucht Mut, um Jesus zu vertrauen. Wir dürfen uns wieder einmal in den Strom von Gottes Geist fallen lassen und uns seiner Leitung anvertrauen, statt immer auf sicheren Boden unter unseren Füßen bedacht zu sein. Ich selbst bin ein kleiner Kontrollfreak und habe am liebsten alles selbst in der Hand. Gerade wenn es darum geht, andere Menschen zu leiten und einer Gemeinde vorzustehen, scheint es mir im ersten Moment oft am hilfreichsten, viele Regeln und Grenzen aufzuzeigen, damit die Gemeinde nicht aus dem Ruder läuft. Aber wie weit sind wir damit denn gekommen? Haben wir so tatsächlich die himmlische Idee von Sexualität erreicht? Oder haben wir Sexualität eher wie eine Fackel auf einen Sockel gestellt, den man zwar ansehen darf, aber dem man besser nicht zu nahe kommt? Haben wir Sexualität aus Angst vor ihrem Missbrauch so weit aus unseren Kirchen verdrängt, dass uns die Liebenden im Hohen Lied wie Sünder vorkommen?

Wir dürfen uns von Paulus ermutigen lassen, die Lösung für unsere gefallene Sexualität in der Hinwendung zu Jesus zu suchen und darauf zu vertrauen, dass er unsere Herzen verändert. Denn wenn er unsere innere Motivation bestimmt und die Wurzeln des gefallenen sexuellen Verlangens absterben lässt, können wir vielleicht immer noch nicht die weltweite Zwangsprostitution beenden, aber wir können sie eindämmen. Wir können vorleben und der Welt zeigen, wie Gott sich körperliche Intimität gedacht hat. Wir können der Welt zeigen, dass Gott noch nicht am Ende ist. Er hat noch keinen abschließenden Punkt gesetzt. Seine Geschichte mit uns geht weiter und hat ein gutes Ende. Wir können dann unsere Körper nutzen, um einander zu dienen, anstatt einander auszunutzen. Um uns aneinander zu verschenken, anstatt uns einander zu verkaufen. Wir können zeigen, wie Gott körperliche Nähe mit seelischer Verbundenheit gleichsetzt. Wir können unsere Wertschätzung einander und Gott gegenüber anhand unserer Körper ausdrücken, wenn wir unsere Herzen von Jesus verändern lassen.

Interview mit
Sabrina Buss

Sarah: Liebe Sabrina, du verbringst durch deine Arbeit bei PAID e. V.[81] viel Zeit in Schulen, um dich neben deinem Studium mit Jugendlichen über Beziehungen, Sexualität und Pornografie zu unterhalten. Warum tust du das?

Sabrina: Ich wünsche mir, dass unsere Generation versteht, was es bedeutet, gesunde Sexualität und gesunde Beziehungen zu leben. In Deutschland werden ca. 160 000 Ehen pro Jahr geschieden, ursprüngliche Probleme dafür sind meistens mangelnde Kommunikation, Beziehungsunfähigkeit und Pornografie. Wir haben es uns zur Aufgabe gemacht, an Schulen präventiv zu arbeiten, um Jugendlichen die Möglichkeit zu geben, sich aktiv für gesunde Beziehungen zu entscheiden und diese Zahlen zu mindern.

Sarah: Mit welchen Herausforderungen siehst du junge Frauen in unserer Gesellschaft heute konfrontiert?

———

Was ist an diesem Zeitalter besonders?

Sabrina: Nie zuvor war es so leicht, sich zu vergleichen und prominenten Menschen in sozialen Medien zu folgen oder sich dort selbst darzustellen. Viele junge Frauen posten ihr Leben und vergleichen sich ständig im Netz. Laut Statistiken werden wir unglücklicher, je mehr wir uns in Social Networks bewegen, denn es werden nur die Erfolge gezeigt. Wir liken und posten gefilterte Selfies (für die man 15 Versuche gebraucht hat), und wenn die Likes ausbleiben, bleiben auch die Anerkennung und der Selbstwert aus. Die unbeantwortete Frage lautet: »Bin ich gut/schön/beliebt/attraktiv genug?«

Sarah: Und was denkst du über Pornografie? Welchen Einfluss hat sie auf die Sexualität von Frauen?

Sabrina: Laut Statistiken konsumiert jede zehnte Frau mindestens einmal die Woche Pornografie. Pornografie verändert unsere Sicht auf Sexualität, Beziehungen und uns selbst. Zum einen werden Frauen sich mit den Darstellerinnen der Pornos und der dargestellten

Handlung vergleichen und unzufriedener mit ihrem eigenen Körper sowie mit dem Körper und der sexuellen Leistung ihres Mannes sein. Pornografie ist, genauso wie ein Liebesfilm, ein »Fantasieprodukt«, das unrealistische Erwartungen schafft. Werden diese auf das eigene Leben übertragen, baut sich Unzufriedenheit auf.

Sarah: Kannst du uns erklären, wie sich unser Ideal eines weiblichen Körpers entwickelt? Warum finden wir bestimmte Frauen schön?

Sabrina: Zum einen denke ich, dass unsere Schönheitsideale stark von den Medien geprägt sind, es gibt ein bestimmtes »Format«, das wir als schön definieren: groß, schlank, lange blonde Haare und hellhäutig. Zumindest habe ich vor Kurzem gelesen, dass dies als Schönheitsideal gilt. In der Realität treffe ich aber Freundinnen oder Frauen auf der Straße, die anders aussehen. Ich kenne genug Frauen, die nicht in dieses Schema passen, und doch sind sie schöner als die meisten Models oder Promis.

Sarah: Glaubst du, dass eine Frau, die mit ihrem Körper zufrieden ist, weniger Gefahr läuft, eine ungesunde Sexualität zu entwickeln?

Sabrina: Die eigentliche Frage, die wir uns stellen müssen, ist die Frage nach der Identität. Wer bist du und was macht dich aus? Sucht man Anerkennung bei Männern, um damit eigene Unsicherheit zu kompensieren, oder lernt man sich selbst kennen, arbeitet an sich und lernt, sich zu lieben, wie man ist?

Sarah: Was denkt eine Frau mit einer gesunden Einstellung zu Sexualität deiner Meinung nach über ihren eigenen Körper?

Sabrina: Dass sie trotz Makel begehrenswert und wunderschön ist. Wenn wir uns nicht so fühlen, dürfen wir unsere Gedanken mit Wahrheiten der Bibel füttern und nicht nur mit den Ansprüchen und Vergleichen der Medien.

Sarah: Kennst du selbstkritische und unzufriedene Gedanken über deinen Körper? Und wie gehst du damit um?

Sabrina: Klar! Nur zu gut! Meistens ist es nur ein kleiner Gedanke, aber ich kann mich da so sehr reinsteigern, dass ich am Ende in einer »Ich bin nicht genug«-Spirale stecke und diesen Gedanken auch auf andere Lebensbereiche übertrage. Mir hilft es dann manchmal, wenn ich den Fokus von mir selbst wegrichte und mich um die »eigentlich wichtigen Dinge« der Welt kümmere. Dann wirken meine eigenen Probleme mit mir selbst so viel kleiner und fast schon lächerlich. Außerdem versuche ich, den Gedanken so früh wie möglich zu identifizieren und zu stoppen, damit ich gar nicht erst in diese Spirale hineingerate.

Sarah: Was würdest du Müttern raten, die Töchter großziehen? Und Mentorinnen, die jungen Frauen zur Seite stehen? Wie unterstützen wir die nächste Generation dabei, ihren Körper zu lieben und ihn heilig und wertschätzend zu behandeln?

Sabrina: Ich glaube, indem wir ihnen klarmachen, dass ihr Wert nicht von ihrem Aussehen abhängig ist, und indem wir Frauen beibringen, ihre Persönlichkeit und Identität statt ihr Aussehen zu nutzen, um ihre Ziele zu erreichen. Wir Frauen müssen besonders in der Welt von Facebook und Instagram verstehen, dass andere Frauen keine Konkurrentinnen sind, sondern dass jede von uns etwas Schönheit in diese Welt bringt und wir einander unterstützen dürfen, damit wir alle in unserem vollen Potenzial aufgehen.

Sarah: Vielen Dank für das tolle Gespräch!

NUR EINE HÜLLE?

Oft versuchen wir, den Fragen über äußere Schönheit und Körperlichkeit mit frommen Argumenten aus dem Weg zu gehen. Wir argumentieren, dass unser Körper nur eine Hülle sei, vermuten, dass wir im Himmel nicht verheiratet und somit auch keine sexuellen Wesen mehr sein werden, und sprechen auf Beerdigungen davon, dass der wirkliche Mensch jetzt ja nicht in diesem Sarg sei – der echte Mensch sei mit seiner Seele ausgezogen und das Fleisch und Blut im Grab sei nur die Hülle gewesen. Aber das ist nicht die ganze Wahrheit, oder? Ein Teil der Person ist da. Sein Körper. Und der Körper kann nie ganz von der Person getrennt werden, denn unser Körper ist oft unser Tor zur Seele. Durch den Missbrauch des Körpers kann die Seele tiefste Wunden erleiden. Durch die Liebe und Annahme des Körpers können Menschen seelische Liebe und Sicherheit erleben. Dort im Grab liegt nicht nur eine Hülle. Dort liegt der Körper, mit dem diese Person gearbeitet hat. Es ist der Körper, in dem sie geboren wurde und in den sie hineingewachsen ist. Der Körper, der als kleines Mädchen hingefallen ist und ein Leben lang die Narbe der Platzwunde am Kinn trug. Der Körper, der sich auf wundersame Weise von einem Kind zu einer Frau verwandelte. Dort liegt der Körper, der sich ihrem Mann hingab. Der Mund, der küsste, und die Hände, die über Rücken streichelten. Erst über den ihres Mannes und später über den ihrer Kinder. In diesem Körper wuchsen Babys heran, und es war dieser Körper, durch den die Säuglinge stillend ernährt wurden. Der warme, weiche Körper einer Mutter, deren Arme immer weit genug waren, um weinende Kinder zu trösten und gescheiterte Söhne aufzurichten. Es ist der Körper, der über die Jahre von Falten gezeichnet wurde. Dessen Haare weiß wurden und deren von harter Arbeit gezeichnete Hände Enkelkindern Halt gaben. Es sind die Hände, die sich täglich betend falteten. Die Augen, die dankbar und hoffnungsvoll in den Himmel sahen. Es ist der Körper, in dem gelebt wurde, mit all seinen Narben und Spuren, die das Leben auf ihm hinterlassen hat. Dieser Körper, aus dem die Seele jetzt ausgezogen ist, dieser Körper wird jetzt wieder zu Staub. Es wäre schade, die Trauer um diese Tatsache mit frommen Argumenten zu verdecken, denn dieser Körper hatte Bedeutung. Er ist nicht nur eine Hülle, er kann das Tor zu unserer Seele sein, und deshalb sollte er sorgfältig und liebevoll behandelt werden.

Taryn Brumfitt, die Bodybuilderin, von der am Anfang des Kapitels die Rede war, beschreibt in ihrem Film »Embrace«, wie sie nach ihrer zweiten Schwangerschaft bereits einen Termin für eine Schönheitsoperation festgelegt hatte. Sie hatte vor lauter Unzufriedenheit mit ihrem veränderten, gezeichneten und alternden Körper Geld gespart und war fest entschlossen, durch diese Maßnahme wieder zu einem attraktiven, jungen Körper zu gelangen.

Doch dann beobachtete sie ihre eigene Tochter, wie sie als Kleinkind sorglos und zufrieden in ihrem Körper durchs Leben ging. Sie fragte sich, welche Gedanken ihr die Schönheitsoperation ihrer Mutter wohl im Laufe ihres Lebens vermitteln würde. Ohne Worte könnte allein diese Entscheidung dazu führen, dass ihre Tochter glaubt, der weibliche Körper müsse verändert werden, da er von Natur aus nicht zufriedenstellend sei. Dieser

Eingriff würde der Tochter einflüstern, dass die Titelblätter mit ihrem Schönheitsideal doch recht haben und dass die Zufriedenheit einer Frau – ihrer Mutter – darin liegt, sich diesem Ideal möglichst dicht anzunähern. Was würde diese Tochter wohl denken, wenn sie eines Tages mit weichgestillten Brüsten und Krähenfüßen an den Augen neben ihrem Mann im Ehebett liegt? Die Wahrscheinlichkeit ist hoch, dass sie glauben würde, sie sei nicht genug. Nicht wertvoll genug, so wie sie ist.

Ich selbst habe am eigenen Leib erfahren, wie sehr das in der Kindheit vermittelte Bild von Schönheit uns lebenslang prägt. Ich erinnere mich noch genau an einen Nachmittag, an dem ich als Teenager ein Kleid trug, das ich selbst nicht mochte, aber das meine Eltern für angemessen hielten. Sie hatten mich gebeten, mein von mir selbst ausgewähltes Outfit gegen dieses Kleid auszutauschen. Ich weiß nicht mehr, was ich vorher getragen hatte, ich erinnere mich nur noch an das hochwertige, braune, glänzende und doch sehr wenig körperbetonte Kleid, in dem ich nun die Treppe hinunterging. Im Gesicht meiner Eltern erschien ein Lächeln und sie sagten: »Das sieht wirklich sehr schön aus. Viel schöner als das Kleid vorher.« Und plötzlich fiel es mir wie Schuppen von den Augen: Sie meinten das tatsächlich so! Sie hatten Schönheit so gelernt. In ihrer Erziehung wurde Schönheit mit Keuschheit gleichgesetzt. Was gut aussah, betonte die Körperform möglichst wenig und bedeckte den größten Teil der Haut. Sie gaben mir einfach weiter, was sie gelernt hatten. Und genau das werden wir ebenfalls tun. Unsere Töchter werden unsere Vorstellungen von Schönheit übernehmen – oder bewusst ablehnen, wie ich es getan habe. Doch die erste Bibel, die sie lesen, ist unser

Leben – und das lesen sie bereits sehr gründlich, lange bevor sie das ABC verstehen. Die Generation nach uns wird ihr Verständnis von Schönheit auf dem unsrigen aufbauen, und ich für meinen Teil will alles dafür tun, meiner Tochter ein gesundes Fundament von Schönheit zu vermitteln. Auch wenn das bedeutet, anstatt einer Schönheitsoperation den holprigen Weg der Selbstannahme zu gehen und zu lernen, dass ich geliebt bin, obwohl ich nicht perfekt bin.

Meine liebe Tochter Nova,

ich glaube mittlerweile, ich schreibe dieses Buch zum großen Teil für dich und für mich. Ich möchte mir darüber bewusst werden, was ich über uns Frauen denken und glauben will, um dir ein würdiges – wenn auch unperfektes – Vorbild zu sein.

Wenn ich dich ansehe, sehe ich pure Schönheit. Du bist gerade einmal ein Jahr alt und hast wunderschöne braune Augen, die unter deinem vollen Pony hervorfunkeln. Du hast diese tolle olivfarbene Haut und diese wunderschön geformten Lippen. Mit am meisten liebe ich an dir die kleinen Falten, die durch deinen Babyspeck an deinen Handgelenken sichtbar sind, und die hellen, von der Sonne unerreichten Streifen an deinem Hals, wenn du deinen Kopf in den Nacken wirfst. Du bist einfach traumhaft anzusehen!

Aber weißt du was? Ich würde dich ebenso lieben, wenn du mit Haaren, Flecken, Unebenheiten und Pickeln übersät wärst! Dein Wert liegt nicht in deiner Ästhetik. Schönheit kann vergehen – manchmal von einem Tag auf den anderen –, doch dein Wert für mich ist ewig.

Wenn ich dich ansehe, sehe ich so viel mehr als nur dein Äußeres. Ich sehe deine Willensstärke, deine Resilienz, deinen Mut, deinen Charme und deine Abenteuerlust. Ich bin gespannt zu entdecken, welche Stärken du hast, worin Gott dich besonders begabt und womit er dich beschenkt hat.

Ich wünsche dir, dass du in jeder Phase deines Lebens voller Freiheit und Zufriedenheit in den Spiegel sehen kannst. Ich wünsche dir, dass du dich traust, länger hinzusehen, als ich es bei mir tue.

Ich hoffe, dass deine Vorstellung von Schönheit so viel tiefer von deiner Beziehung zu Gott geprägt sein wird als von den Titelbildern der Magazine und dass du aus dieser Selbstsicherheit heraus deinen Körper und deine Gabe der Schönheit einsetzen wirst, um eine erfüllte Ehe zu leben und Gutes in der Welt zu bewegen.

Ich bete, dass die Verletzlichkeit deiner Intimität durch nichts und niemanden missbraucht oder ausgenutzt wird. Und ich freue mich darauf mitzuerleben, wie du das Wunder und das Potenzial deines Körpers auskosten wirst, indem du mit deinem Körper Babys austrägst und ernährst, lachst und weinst, arbeitest und alterst, weil du weißt, dass dein Körper für viel mehr geschaffen ist als nur dafür, angesehen zu werden. Er ist dir geschenkt, um zu leben! Und dein Leben ist unendlich wertvoll für mich.

Deine Mama

Vier

Hinterm Herd: Frauen in der Familie

Gibt es ein christliches Familienmodell?

———

CHRISTLICHE ELITE-MÜTTER

Vor einiger Zeit durfte ich in einer Runde von Frauen über ein Thema sprechen, das ich heute schon wieder vergessen habe. Ich freute mich auf den Abend, denn ich war in ein Wohnzimmer voller Frauen unterschiedlichen Alters eingeladen. Einige aus der Kirche, andere aus der Nachbarschaft. Viele kannten einander nicht, aber die Atmosphäre sprühte vor Neugier, Unsicherheit und dem Mut, sich trotz der ungewohnten Konstellation auf diesen Abend einzulassen. Es gab Brot mit Weintrauben und eine Käseplatte. Hier war ich richtig.

Obwohl ich nicht mehr weiß, welches Thema wir ursprünglich besprechen wollten, erinnere ich mich noch gut an einzelne Gesprächsbeiträge, denn irgendwann schwenkte unsere Diskussion zum Thema »berufstätige Mütter«, und wir sprachen über unterschiedliche Familienmodelle. Die Gastgeberin übernahm schnell das Wort und führte leidenschaftlich aus, dass es die beste Entscheidung gewesen sei, ihre Kinder bis zur Einschulung zu Hause zu betreuen. Dies sei das Opfer, das Gott von Müttern erwarte, und ihre erwachsenen Kinder wären ihr heute noch dankbar dafür. Sie redete weiter, während ich mich in ihrem hübschen, großen Einfamilienhaus umsah, vor dessen Tür die zwei Autos der Familie standen. Ich freute mich für sie. Wie schön, dass ihr Mann genug Geld verdiente, sodass sie sich ganz fokussiert der Erziehung ihrer Kinder widmen konnte. Wie schön, dass Gott ihr Gnade geschenkt hat und ihre Kinder heute so tolle Männer sind. Was für ein Privileg, erwachsene Söhne zu haben, die gelernt haben, sich bei ihrer Mutter für deren Opfer zu bedanken!

Ich sehe mich weiter im Raum um. Vorhin hatte ich mich mit einer Singlefrau ohne Kinder unterhalten. Sie wünschte sich von Herzen eine Familie. Und wer weiß, vielleicht klangen all diese Ausführungen von den großen Opfern einer Hausfrau und Mutter in ihren Ohren gar nicht so sehr nach Opfern, sondern nach einem Traumleben? Wie viel lieber würde sie eventuell in einem netten Haus mit einem wohlhabenden Mann zwei Kinder großziehen, anstatt tagtäglich ihrem Beruf nachzugehen?

Mein Blick schweift weiter durch die Runde. Ich sehe mehrere Mütter, die nickend zustimmen. Es sind größtenteils Mütter im Alter der Sprecherin oder ganz junge, unsicher wirkende Mütter. Ich sehe den Hunger nach jemandem, der ihnen das Rezept dafür gibt, wie man »eine gute christliche Mutter« sein kann. Ich höre ihre Gedanken förmlich: »Aha! Oh ja, interessant! So ist man also eine gute Mutter. So stellt Gott sich das vor …« Und ich höre die Gedanken der traditionellen Mütter: »Ja, richtig. Es ist gut, dass das mal jemand sagt. Die Mütter von heute scheinen viel zu häufig sich selbst verwirklichen zu wollen. Dabei ist es doch die Aufgabe einer Mutter, zu Hause für ihre Kinder da zu sein. So haben wir es ja auch gemacht. So will es Gott schließlich!«

Ich lasse meine Augen weiterwandern. Sehe eine Frau, die über die Dauer des – nebenbei ungefragten – Vortrags ihren Kopf immer weiter senkt. Hier redet man nicht über Frauen wie sie. Hier sitzen die »guten Mütter« beieinander. Die, bei denen alles so läuft, wie sie selbst es entscheiden. Hier gehört sie nicht dazu als berufstätige, beziehungsgescheiterte Alleinerziehende. Ich weiß, dass sie noch nicht lange in die Kirche kommt, und mein Herz bricht. Hier sitzt sie in einer Runde von Frauen – geschaffen, um einander zu ermutigen. Und geht mit gesenktem Kopf nach Hause. Nicht gut genug. Gescheitert.

Ich komme in unserer Runde wieder bei mir an. Was macht dieser Vortrag eigentlich mit mir? Gerade heute Morgen habe ich meinen fünfzehn Monate alten Sohn unter herzzerreißendem Weinen der Tagesmutter in den Arm gegeben. Wie dreimal die Woche. Ob ich mich dabei gut fühle? Nein. Ob ich mich dafür entschieden habe? Ja. Ob ich mich vielleicht gern anders entschieden hätte? Auch ja. Mein Mann arbeitet viel und trotzdem reicht das Geld oft nicht. Unser Konto gibt es einfach nicht her, dass ich nicht arbeiten gehe. Obwohl ich schon wieder schwanger bin, gehe ich seit dem ersten Geburtstag meines Sohnes einige Stunden die Woche arbeiten. Nicht um einen hohen Lebensstandard noch zu steigern und auch nicht um mich selbst zu verwirklichen. Ich habe keine andere Option. Also vertraue ich Gott, dass er unser Leben in der Hand hält und meine Situation kennt. Ich entscheide mich für das, was mir – innerhalb meiner Möglichkeiten – als das Beste erscheint. Ich finde nicht, dass jede Mutter das so machen sollte. Aber ich mache es so. Und es geht uns gut damit. Ich glaube, dass ich eine gute Mutter bin – auch wenn ich mich nicht immer so fühle. Aber ich gebe mein Bestes, und ich bin überzeugt, dass unser Bestes für Jesus und für meine Kinder genug ist.

Ich sehe wieder hoch. Der Vortrag ist vorbei. Ich frage mich, was ich jetzt sagen soll. Alle Augen sind auf mich gerichtet, denn ich leite ja schließlich diese Runde. Ich hole tief Luft und mache mich bereit dafür, mich unbeliebt zu machen. Aber mein gebrochenes Herz verlangt es von mir: »Ich freue mich sehr, dass dieses Familienmodell für dich so gut funktioniert hat. Sicherlich haben deine Kinder allen Grund, dir dankbar zu sein. Du hast sicher dein Bestes gegeben. Doch ich glaube, dass nicht alle Familienmodelle gleich aussehen müssen.

Es gibt viele Frauen, die nicht die gleichen Privilegien genießen wie du und die dennoch sehr gute Mütter sind! Ich bin sicher, wir geben alle unser Bestes für unsere Kinder, und ich glaube, wir tun einander und Gott unrecht, wenn wir darauf beharren, dass es nur ein christliches Familienmodell gibt.« Die Alleinerziehende hebt ihren Kopf. Atmet auf. Ich lächle ihr zu. Andere atmen auch auf. Atmen ein, um etwas zu sagen. Zu widersprechen. Aber ich leite ja diese Runde und so wechsle ich das Thema und stelle eine andere Frage. Das müssen wir jetzt aushalten. Dazu möchte ich uns herausfordern – mal für einen Moment die Spannung auszuhalten und uns zu fragen, ob es vielleicht tatsächlich mehr als ein einziges christliches Familienmodell gibt.

VERFÜHRERISCHE REZEPTE

Ich selbst bin immer wieder neu auf der Suche nach einem geeigneten Modell für unsere kleine Familie. Ich frage mich: Wie kann ich in dieser Lebensphase mit meinem Familienleben Gott ehren? Wie kann ich meinen Kindern ein sicheres Zuhause geben, eine sichere Basis für ihr Leben? Und wie erziehe ich sie zu verantwortungsbewussten, selbstständigen und rücksichtsvollen Bürgern? Wie viel kann ich ihnen zumuten? Wann muss ich sie beschützen? Wie soll ich meine Ehe am besten pflegen, während ich kleine Kinder habe? Und wie vereinbare ich meine Berufung mit den Bedürfnissen meiner Kinder?

Ich verstehe, dass es oft leichter ist, extreme Modelle zu wählen und sich in der vermeintlichen Sicherheit zu wiegen, dass alles richtig ist, weil es extrem ist. Es scheint oft einfacher, einen Punkt zu setzen und »Basta, so ist das!« zu sagen, als die Flexibilität und Vielfalt zuzulassen, dass es vielleicht mehrere richtige Wege gibt. Ich kenne den verführerischen Gedanken, 24/7 zu Hause zu sein, mich nur um meine Kinder zu kümmern, auf dem Biomarkt einzukaufen und geputzte Fenster zu haben und gewaschenen Gardinen – oder überhaupt Gardinen. Ich könnte einfach Hausfrau und Mutter sein.

Ich kenne den verführerischen Gedanken an einen großen Familienurlaub im Jahr, an zwei Abende die Woche, an denen ich zum Sport gehe. Die Freude, die ich verspüre, wenn ich daran denke, wieder voll zu arbeiten und mehr zu bewegen als nur Windeln in den Eimer und Gemüse in den Einkaufswagen. Ich könnte die Kinder mehr fremdbetreuen lassen und mehr arbeiten, mehr reisen und mehr Geld verdienen.

Wäre das eine schlechter als das andere? Muss ich mich für eines dieser beiden Extreme entscheiden oder gibt es gute Wege dazwischen? Liegt Gottes Plan für unser Leben vielleicht nicht in den Extremen, sondern in der Unsicherheit dazwischen, die uns so viel mehr Gottvertrauen abverlangt?

Gerade in christlichen Kreisen habe ich häufig von Statistiken gelesen, die belegen, dass Kinder bis zum dritten Lebensjahr keine anderen Bindungspersonen haben sollten als ihre Mutter – oder maximal noch die Oma. Diese Überzeugungen beruhen häufig auf längst überholten Argumenten. Martin R. Textor schreibt dazu: »Im 19. Jahrhundert und in der ersten Hälfte des 20. Jahrhunderts galten Kindergärten und Kinderkrippen als zweitrangig und minderwertig gegenüber der Familienerziehung. Sie wurden nur dann be-

Das Beste

FÜR UNS ALLE

GIBT ES NICHT

IN EINEM

EINZIGEN *Rezept.*

WIR BRAUCHEN WOHL

EIN GANZES

Kochbuch

DAFÜR.

fürwortet, wenn alleinerziehende Mütter aus ihrer Notlage heraus berufstätig sein mussten, wenn während der Erntezeit oder im Krieg auf die Arbeitskraft von Müttern nicht verzichtet werden konnte oder wenn Kleinkinder zu verwahrlosen drohten.«[82] Kindergärten waren die Notlösung für Gescheiterte. Die Wissenschaftlerin Bowlby vertrat die Meinung, dass die Mutter-Kind-Bindung leiden würde, wenn sie nur für wenige Stunden unterbrochen wird. Doch heute weiß man, dass schon kleine Kinder solche Trennungsphasen überbrücken können und dass die Eltern-Kind-Bindung aufgefrischt werden kann, wenn das Kind in der Zwischenzeit andere Betreuungserfahrungen macht.[83] Weitere Studien belegen, dass sich Kinder, die als Säuglinge und Kleinkinder in qualitativ hochwertiger Gemeinschaftsbetreuung waren, in der Schule »besser anpassen können, kooperativer sind und häufiger Funktionen wie die des Klassensprechers übernehmen«[84]. Jay Belsky, eine Wissenschaftlerin in diesem Bereich, beantwortet die Fragen zur frühen Fremdbetreuung von Kindern gern mit der Gegenfrage, ob es gut für die Gesundheit sei, häufig außer Haus zu essen. Die Antwort darauf lautet selbstverständlich: Es kommt darauf an, wie dort gekocht wird, und zwar egal, wo man isst – zu Hause und draußen.[85] Kinder brauchen gesunde Bindungen, aber wo und wie sie diese bekommen, lässt sich ganz bestimmt nicht global und pauschal mit einem einzigen richtigen Rezept beantworten.

Ich finde in diesem Zusammenhang noch eine andere Studie interessant, die die Dinge ein bisschen ins Verhältnis zueinander setzt. Sie geht davon aus, dass beispielsweise ein zweijähriges Kind im Durchschnitt 13 Stunden pro Tag schläft. Es ist also 77 Stunden pro Woche wach. Wird es 8 Stunden pro Werktag in einer Kindertageseinrichtung betreut, verbringt es hier 40 Stunden. Wenn man die Zeit für den Mittagsschlaf abrechnet, ist dies fast die halbe Wachzeit. »Bedenkt man, dass in die außerhalb der Kindertageseinrichtung verbrachte Wachzeit auch Transport- und Einkaufszeiten fallen oder dass die Kinder sich oft allein beschäftigen müssen, weil ihre Eltern z.B. Hausarbeit machen, sich entspannen, Sport treiben oder Besuch haben, wird deutlich, dass die Betreuungs-, Erziehungs- und Bildungszeit in der Familie schon längst unter derjenigen in der Kindertageseinrichtung liegt.«[86] Ich möchte, soweit es mir möglich ist, für die Erziehung und Bildung meiner Kinder verantwortlich sein – auch wenn das eine sehr große Verantwortung ist! Die Entwicklung, dass der Staat immer mehr Verantwortung für Kleinkinder übernehmen möchte[86], sehe ich sehr kritisch, denn »der Staat« und ich sind in vielen Dingen nicht einer Meinung. Fragen zum Thema Gerechtigkeit, Schöpfung, Sexualität und Lebenssinn möchte *ich* von meinem Kind gestellt bekommen und ihm beantworten, bevor es jemand anderes tut. Und das braucht gemeinsame Zeit.

Aber ich habe hier – trotz aller Herausforderungen – auch die Wahl. Privilegiert, wie ich bin, lebe ich in einem Sozialstaat mit einem treuen Mann an meiner Seite. Wir beide haben studiert und alle Voraussetzungen für einen Job, mit dem wir gemeinsam genug Geld für unsere Familie verdienen können. Ich habe Omas und Opas in der Stadt, die mir von Zeit zu Zeit die Kinder abnehmen, und ich bin mit richtig guter Gesundheit gesegnet. Ich weiß sehr wohl um die Mütter unter uns, die sich wünschen würden, abends neben einem Mann und nicht im leeren Bett einzuschlafen. Natürlich haben diese Frauen meistens Fehler gemacht, bevor es zu der Trennung kam, aber haben Frauen mit

———

Partnern an ihrer Seite etwa keine Fehler gemacht? Ich kenne auch Geschichten von Frauen, die ihre Kinder wenige Tage nach der Geburt auf den Rücken schnallen, um ein afrikanisches Feld zu beackern, oder die ihre Kinder von großen Geschwistern betreuen lassen, um Häuser der reichen Oberschicht zu putzen – selbstverständlich arbeiten sie! Damit ihre Kinder nicht sterben, während andere von uns Latte macchiato schlürfend auf Spielplatzbänken darüber urteilen, wie unchristlich diese berufstätigen Mütter sind. Ich kenne Mütter, die sich jeden Tag aufs Neue entscheiden, ihre Kinder zu lieben und einen Turm zu bauen, obwohl sie sich einfach nur wünschen würden, für einen Tag in diesem Jahr morgens aus dem Haus zu gehen, um unter erwachsenen Kollegen einmal einen Satz zu Ende zu sprechen und die Aufgaben zu erledigen, die ihre Chefin ihnen aufgetragen hat. Ich kenne Mütter, die Männer geheiratet haben, die keinen guten Job haben, und die im Vertrauen auf Gott Kinder bekommen haben, obwohl es ihr Konto aufs Äußerste strapaziert. Und sie arbeiten – für ihre Familien. Ich kenne Familien, die weit weg von den Großeltern und anderen Verwandten wohnen – oder sie wohnen in der Nähe der Großeltern und pflegen diese zusätzlich zu der Arbeit mit ihren eigenen Kindern. Und es gibt Mütter, die sich eingestehen, dass sie ihre Kinder besser lieben können, wenn sie sie einige Stunden am Tag nicht sehen. Ich bin sicher, Gott kennt noch viele solche Geschichten, und er ist so sehr damit beschäftigt, uns zu lieben, dass er keine Zeit hat, uns zu verurteilen.

Oft lesen wir die Bibel und fragen uns, was diese Worte für unser Leben bedeuten. Doch häufig ist es ebenso wertvoll, sich bei einigen Themen bewusst zu machen, was nicht in der Bibel steht. Denn ich lese in der Bibel keine Anweisungen zu konkreten Familienmodellen und erst recht nicht zum richtigen Zeitpunkt, Ort und Dauer der außerhäuslichen Kinderbetreuung. Ich lese zwar, wie die Kultur der Zeit der Verfasser beschrieben wird und wie Gott Hilfestellungen und Hinweise gibt, wie Familienleben in diesem Kontext aussehen kann, aber ich lese da kein zeitloses »Richtig« und »Falsch« bezogen auf die Berufstätigkeit der Frau oder die Betreuung der Kinder. Und doch sagt Gott etwas Zeitloses: Dass wir Gott mit allem, was wir haben, lieben dürfen – die ganze Geschichte von Gott mit den Menschen, die ganze Bibel, ist voll davon. Und darüber hinaus sagt er zur Kindererziehung: »Bewahrt die Gebote, die ich euch heute gebe, in eurem Herzen. Schärft sie euren Kindern ein. Sprecht über sie, wenn ihr zu Hause oder unterwegs seid, wenn ihr euch hinlegt oder wenn ihr aufsteht« (5. Mose 6,6-7). Ich liebe das Bild, das hier gemalt wird. Wenn ich sitze, unterwegs bin, schlafen gehe und am Morgen wieder aufstehe, soll mein ganzes Leben mit Worten und Taten meinen Kindern zeigen, wie sie Gott und die Menschen lieben können.

Das ist unsere Aufgabe! Unsere Frage sollte nicht sein, welche Betreuungsmodelle, Schulformen, Ernährungskonzepte usw. die »richtigen« sind, sondern wie wir unser Leben, unseren Alltag leben, sodass Gott dadurch geehrt wird! Unseren Kindern vorzuleben, *wie* Gott *ist* – das zählt. Das Evangelium live und in Farbe! Die erste Bibel, die unsere Kinder lesen, ist unser Leben. Und Gott ist viel zu groß, zu vielfältig, zu bunt, zu kreativ, um nur »einen richtigen Weg« zu kennen! Mögen unsere Kinder eine Bibel voller Hoffnung und Gnade lesen und eines Tages voller Freiheit, Bewunderung und Selbstbewusstsein Jesus in die Augen sehen – unabhängig davon, für welches exakte Familienmodell ihre

Eltern sich entschieden haben. Wir dürfen uns als Frauen und Mütter in Familien darauf einlassen, den weniger sicheren Weg zu wählen und individuell herauszufinden, wie Gott uns führt. Denn er lässt uns nicht allein! Wir dürfen um Weisheit bitten, uns austauschen, Ratgeber lesen, ausprobieren und Fehler machen. Es ist ein Ausdruck von Reife, nicht auf alles die eine richtige Antwort zu haben. Reife bedeutet nicht, alles zu wissen. Reife bedeutet, zu wissen, dass es mehr Wahrheit gibt als das, was man selbst weiß.

John Earl of Wilmot Rochester sagte: »Bevor ich heiratete, hatte ich sechs Theorien über Kindererziehung. Jetzt habe ich sechs Kinder und keine Theorie.« Ich finde das sehr inspirierend! Es scheint mir nämlich manchmal so, als wären wir auf der Suche nach dem einen »richtigen« Rezept, dem Familienmodell, das für mich und für alle anderen Mütter funktioniert. Eine klare Anweisung mit Schritt-für-Schritt-Beschreibung und genauen Mengenangaben. Aber immer häufiger merke ich, dass ich da einem Trugschluss nacheifere. Denn meine Zutaten verändern sich ständig! Ein Umzug steht vor der Tür, wir fangen in einem neuen Beruf an, ein Baby wird geboren, die Schlafzeiten der Kinder werden kürzer, Hobbys und Interessen einzelner Familienmitglieder entwickeln sich. Auch Krisen wie Krankheiten, Tod oder Trennung und das kulturelle und soziale Umfeld sind Faktoren, die unser Familienleben immer wieder umgestalten. Gerade habe ich mich in einer Lebensphase eingelebt, da steht schon die nächste Veränderung vor der Tür, und was gestern noch perfekt für uns war, muss heute neu überdacht werden. Wenn es schon in meinem einzelnen Leben eine solche Vielfalt an Einflüssen und Zutaten gibt, wie viel mehr Variationen bietet dann das Leben jeder einzelnen Frau auf dieser Erde?

Mir macht das eine Mut: Neben all unseren unterschiedlichen Lebenssituationen und -zutaten, Rollenbildern und Familienmodellen gibt es eine Sache, die wir gemeinsam haben: Wir alle wollen das Beste für unsere Familien. Doch das Beste für uns alle gibt es nicht in einem einzigen Rezept. Wir brauchen wohl ein ganzes Kochbuch dafür.

NEUE CHANCEN

Wer kann schon eine tüchtige Frau finden? Sie ist wertvoller als die kostbarsten Edelsteine. Ihr Mann kann ihr vertrauen und sie wird sein Leben bereichern. Ihr ganzes Leben lang unterstützt sie ihn und fügt ihm nichts Böses zu. Sie sammelt Wolle und Flachs, die sie flink verarbeitet. Wie ein Handelsschiff bringt sie ihre Speise von weit her. Vor Morgengrauen steht sie auf, um das Frühstück für das ganze Haus zuzubereiten und den Mägden ihre Arbeit anzuweisen. Sie hält nach einem Feld Ausschau und kauft es, um von dem Gewinn einen Weinberg anzupflanzen. Sie ist energisch und stark und arbeitet hart. Sie achtet darauf, guten Gewinn zu erzielen; ihre Lampe brennt bis tief in die Nacht hinein. Ihre Hände spinnen fleißig Garn, ihre Finger zwirbeln geschickt den Faden. Sie hat stets eine offene Hand für die Armen und gibt den Bedürftigen großzügig. Sie fürchtet den Winter nicht für ihre Familie, denn alle haben warme Kleidung. Sie näht ihre Decken selbst. Sie kleidet sich in Gewänder aus feinstem Tuch. Ihr Mann ist angesehen, denn er sitzt in der Ratsversammlung zusammen mit anderen hohen Bürgern des Landes. Kostbare Hemden und Gürtel stellt sie her, die sie dem Händler verkauft. Sie strahlt Kraft und Würde aus und sie lacht und hat keine Angst vor dem kommenden Tag. Wenn sie spricht, sind ihre Worte weise, und sie erteilt ihre Anweisungen in freundlichem Ton. Sie weiß genau, was in ihrem Haus vor sich geht, und Faulheit kennt sie nicht. Ihre Kinder begegnen ihr mit Achtung und segnen sie. Ihr Mann lobt sie: »Es gibt viele tüchtige Frauen, doch du übertriffst sie alle!« Anmut betrügt und Schönheit vergeht, aber eine Frau, die Ehrfurcht hat vor dem Herrn, soll gelobt werden. Sie soll für ihre Arbeit belohnt werden und ihre Taten sollen in der ganzen Stadt ihren Ruhm verkünden!

Sprüche 31,10-31

In Sprüche 31,10-31 lesen wir ein poetisches Gedicht über eine besondere Frau. In den meisten deutschen Übersetzungen wird sie schlichtweg mit einem Wort beschrieben: tüchtig. Doch hinter dem hebräischen Wort »Chayil« steckt viel mehr als die fleißige Frau, die wir mit diesem Wort assoziieren. Das Wort bedeutet Stärke, Armee, Effektivität und Wohlstand. Es wird häufig gebraucht, um jemanden zu beschreiben, der besonders fähig und kompetent ist. Darüber hinaus wird es besonders gern für Helden benutzt.[88] Schon allein, dass Gott Gedichte über Frauen in sein heiliges Buch aufnimmt und sie mit diesem starken Wort beschreibt, lässt mich darüber staunen, wie frauenfreundlich Gott ist. Doch noch mehr freue ich mich über all die Dinge, die Frauen seiner Meinung nach offensichtlich tun dürfen und sollen:

Ihre *Männer können ihnen vertrauen und sie sind eine Bereicherung.*

Sie unterstützen ihren Mann.

Sie beschaffen Ressourcen und verarbeiten sie.

Sie sind kreativ in der Gestaltung des Speiseplans.

Sie sind fleißig, energisch, stark und arbeiten hart.

Sie denken wirtschaftlich und klug und machen mit ihrem Geschäft Gewinn.

Sie arbeiten lange, bis tief in die Nacht.

Sie sind geschickt und nehmen Dinge selbst in die Hand.

Sie sind großzügig, wenn sie Not sehen.

Sie denken voraus.

Sie sind gut gekleidet.

Sie strahlen Kraft, Würde und Freude aus.

Sie sprechen freundlich und sind weise.

Sie haben den Überblick über ihren Verantwortungsbereich.

Und in all dem lieben **sie** *Gott von ganzem Herzen!*

Können wir glauben, dass das Gottes Plan für Frauen ist? Trauen wir uns das? Versuchen wir unser Frauenbild in unsere Bibel zu stecken oder lassen wir die Bibel unser Frauenbild verändern?

Diese Beschreibung ist so bunt und vielfältig – obwohl sie vor Jahrhunderten in eine Kultur geschrieben wurde, die weitaus konservativer gedacht hat als viele konservative Christen heute. Stell dir vor, Gott traut dir alle diese Dinge zu! Was wäre, wenn diese Auflistung kein Anspruch wäre, sondern ein Zuspruch Gottes? Wage doch einmal, dir vorzustellen, dass er so über dich spricht – und das nicht im Konjunktiv. Wenn ich Gott hier zuhöre – seinem Herz, seiner Leidenschaft für uns Frauen –, dann höre ich niemanden, der Grenzen zieht, Weiblichkeit eindämmt und ständig ängstlich fragt: »Darf sie das wirklich?« Ich höre unseren Schöpfer, wie er uns zuruft: »Du kannst das! Du bist dazu gemacht, eine großartige Mutter zu sein, eine wundervolle Ehefrau, und darüber hinaus gibt es so viele Dinge, die ich durch dich tun möchte!« Gott möchte uns nicht einschränken. Ganz im Gegenteil, er ermutigt uns, selbstbewusst, sanftmütig und voller Leidenschaft und Tatendrang das Leben, das er uns schenkt, zu gestalten.

Ich hoffe, dass keine Frau, die dieses Buch liest, sich in einem solchen Maße selbst verwirklichen möchte, dass ihre Familie darunter leidet. Wir lieben unsere Männer und unsere Kinder und sind bereit, aus Liebe viele unserer Bedürfnisse den ihren unterzuordnen. Wir alle wissen, dass jeder Ehemann, jedes Kind und jede von uns Frauen unterschiedlich ist. Einige Kinder brauchen mehr Aufmerksamkeit als andere, und auch wir Frauen haben ein unterschiedliches Maß an Leistungsfähigkeit, Kreativität und Kraft in den unterschiedlichen Phasen in unserem Leben. Nicht jede von uns sollte ab sofort Aufgaben, die weit über ihre Verantwortung als Mutter hinausgehen, wahrnehmen. »Nur-Hausfrauen« und »Nur-Mütter« sind nicht minderwertig. Doch wir Mütter dürfen da, wo Gott Kreativität, Kraft und Leidenschaft schenkt, mutig Chancen ergreifen, ohne Angst zu haben, dann »unchristlichere« oder schlechtere Mütter zu sein. Gott ist nicht derjenige, der sich unseren Möglichkeiten in den Weg stellt – er schenkt diese Möglichkeiten!

Vielleicht war diese »tüchtige« Frau nicht eine Hausfrau oder eine Karrierefrau oder eine Powerfrau oder sonst irgendein Stigma, was wir brauchen, damit wir uns in unserer Rolle sicher fühlen. Vielleicht war diese Frau einfach nur sie selbst. Vielleicht lebte sie einfach nur ihre Bestimmung. Vielleicht genoss sie einfach nur ihr Leben. Denn »sie strahlt Kraft und Würde aus und sie lacht und hat keine Angst vor dem kommenden Tag« (Sprüche 31,25), heißt es weiter.

Denn wenn wir aufhören, gefallen zu wollen, und einen Schlussstrich unter all die Rollenbilder in unserem Kopf ziehen, werden wir vielleicht aufhören zu versuchen, jemand zu sein, und zu den Frauen werden, zu denen Gott uns befähigt. Lasst uns einander doch stärken und auf unseren individuellen Wegen die Hand reichen, statt uns stundenlange Vorträge über christliche und unchristliche Familienmodelle zu halten! Sarah Bessey schreibt[89], wie sie und ihr Mann in den letzten zehn Jahren Familienleben sehr unterschiedliche Modelle ausprobiert haben. Zeitweise war sie allein mit den Kindern zu Hause, zeitweise er. Dann arbeiteten beide im Homeoffice, während sie die Kinder zu Hause beschulten (was in Deutschland allerdings nicht erlaubt ist). Dann hatten sie wieder ganz normale Berufe und die Kinder wurden einen großen Teil der Zeit in Kindergärten und Schulen betreut. Sie zieht auf befreiende Art und Weise das Fazit, dass sie in keiner dieser Phasen den Eindruck hatte, dass sie ein mehr oder weniger christliches Leben lebte. Sie lebte nur anders – nicht besser oder schlechter.

INTERVIEW mit
Helga Wedeleit

*Ich freue mich sehr, euch meine Mutter in einem
Interview vorstellen zu dürfen!*

*Sarah: Du hast, seitdem du mich, deine erste Tochter,
bekommen hast, nie wieder Vollzeit gearbeitet. Bis
dein jüngster Sohn in die Schule ging, hast du fast
gar nicht gearbeitet. Was hat dich dazu bewegt, dieses
Lebensmodell zu leben?*

Helga: Ich war zum großen Teil durch die Gemeinde,
in der wir waren, geprägt. Daher wusste ich, dass ich
aufhören würde zu arbeiten, sobald ich Kinder habe.
Und dein Vater hatte einen sehr guten und zeitauf-
wendigen Job, sodass es mir wie Verschwendung vor-
gekommen wäre, wenn ich nicht zu Hause geblieben
wäre.

Sarah: Verschwendung?

Helga: Ja, so habe ich gedacht. Obwohl ich immer gerne gearbeitet habe. Als ich Kinder hatte, habe ich erst gemerkt, dass ich eigentlich gerne arbeiten würde und man zu Hause etwas einspurig wird. Ich habe deshalb nebenbei etwas gearbeitet, als ich deine Schwester bekommen hatte. Da war ich schon über dreißig und fand das sehr modern. Aber irgendwann habe ich es neben zwei Kindern und dem Haushalt nicht mehr geschafft. Ich weiß noch, wie ich meinem Chef gesagt habe, dass ich komplett aufhöre zu arbeiten. Da habe ich sehr geweint.

Sarah: Was fühlst du, wenn du jetzt auf dein Leben als Hausfrau und Mutter zurückblickst? Würdest du dich wieder so entscheiden?

Helga: (Atmet tief durch) Ja, grundsätzlich schon. Vielleicht hätte ich sogar noch ein Kind mehr bekommen. Ich würde nicht unbedingt Vollzeit arbeiten wollen, aber ich glaube, ich würde - wenn ich es noch einmal entscheiden dürfte – viel früher Grundsatzgespräche darüber führen, die Verantwortung zu Hause mehr aufzuteilen.

Sarah: Und die Kinder in die Kindertagesstätte geben, um mehr arbeiten zu können?

Helga: Nicht, solange sie ganz klein sind. Da ist mir immer fast das Herz zerrissen, wenn ich mitbekommen habe, dass manche Kinder so früh dorthin gehen. Ich würde wohl warten, bis die Kinder mindestens drei Jahre alt sind. Vielleicht auch bis zum Vorschulalter, denn ich habe die Zeit mit euch zu Hause sehr genossen.

Sarah: Welche Herausforderungen beobachtest du bei Frauen wie mir, die neben der Familie noch viele andere Wirkungsbereiche, Hobbys und Aufgaben wahrnehmen?

Helga: Ich finde das gut! Ich glaube, das ist in vielen Punkten auf jeden Fall ein Fortschritt. Ich sehe beispielsweise immer mehr Väter, die ihre Kinder in den Kindergarten bringen. Das gefällt mir. Aber es muss sich für alle Beteiligten – Kinder, Mutter und Vater – bewähren. Es wäre schade, wenn man jetzt von der anderen Seite vom Pferd fällt, weil man das übertreibt.

Sarah: Was wünschst du den jungen Müttern heute?

Helga: Auf jeden Fall, dass alle dort, wo sie sind, glücklich werden. Und ich wünsche ihnen, dass jede in ihrer Familie ihre Bedürfnisse ernst nehmen darf. Das habe ich oft vernachlässigt und meine eigenen Bedürfnisse zu sehr zurückgestellt. Aber auf der anderen Seite haben auch die modernen Familienmodelle ihre Schwierigkeiten.

Sarah: Was meinst du damit?

Helga: Man muss heute viel mehr miteinander absprechen und wahrscheinlich müssen die Männer mehr berufliche Kompromisse eingehen. Frauen und Männer müssen lernen, ihre Zeit gut zwischen Karriere, Kinderbetreuung und anderen Interessen aufzuteilen. Es stellen sich dann Fragen, die sich mir als junge Mutter nicht gestellt haben. Diese Fragen brauchen heute Antworten.

Sarah: Vielen Dank für deine Gedanken zu diesem Thema!

NEUE HERAUSFORDERUNGEN FÜR VÄTER

Ich möchte an dieser Stelle gern einmal einen Blick in die Welt der Männer werfen – die Männer, die uns zur Seite stehen, uns unterstützen und (er)tragen, während wir herausfinden, wie wir unsere Weiblichkeit gestalten wollen.

Wir tendieren so schnell dazu, die Männer an unserer Seite unbewusst als Unterdrücker unserer Lebensträume zu sehen und sie dafür verantwortlich zu machen, dass wir unser Leben nicht so in Freiheit gestalten können, wie wir es gern würden. Dabei befinden sie sich auf genau der gleichen Reise ins wilde Ungewisse. Konnten ihre Väter und Großväter ihre Identität und ihr Verständnis von Männlichkeit noch von ihrem Einkommen und ihrem Status als Versorger abhängig machen, sollen unsere Männer heute – ähnlich wie wir – starker Mann, sanfter Vater, zuverlässiger Hausmann und erfolgreicher Geschäftsmann sein. Als mein Vater geboren wurde, war es noch selbstverständlich, dass mein Opa erst nach der Geburt und nachdem meine Oma und das Zimmer von allen Begleiterscheinungen des Gebärens gereinigt waren, den Raum betrat. Als ich geboren wurde, empfand mein Vater es als wunderschön und revolutionär, dass er gemeinsam mit meiner Mutter meine Geburt erlebte. Nachdem ich unseren ersten Sohn bekommen hatte, wurde mein Mann schon häufig schräg angeguckt, weil er sich nach der Geburt keine zwei Monate Elternzeit nahm, um das intensive Bonding zu fördern. An solchen Entwicklungen sehen wir, wie schnell sich die Rolle der Männer in unserer Gesellschaft verändert. Man sagt, Väter hätten sich in den letzten Jahrzehnten vom Familienernährer zum Basisversorger[90] entwickelt. Sie sollen zwar Verantwortung in der Familie übernehmen, aber nur so viel, dass ihre Frauen und Kinder sich nicht eingeengt fühlen. Sie sollen zwar Geld verdienen, aber nicht mehr als ihre Frauen. Und sie sollen zwar arbeiten, aber nur so viel, dass sie die Hälfte der Hausarbeit erledigen können. Sheryl Sandberg träumt von einer Welt, in der es gleich viele weibliche und männliche Führungskräfte gibt und die gleiche Anzahl an Hausmännern und -frauen.[91] Alles soll gleich verteilt sein. Und dann stehen unsere Männer zusätzlich zu den herausfordernden gesellschaftlichen Veränderungen auch noch gemeinsam mit uns vor der Frage: Was sagt Gott dazu?

Mein Mann Babak und ich haben da in unseren ersten Ehejahren einige Höhen und Tiefen durchlebt. Mein Mann kommt aus einer Kultur, in der Frauen ganz selbstverständlich die Hausarbeit und Kindererziehung übernehmen, und ich komme aus einer Familie, in der die Rollenbilder klar konservativ aufgeteilt waren. Das hätte gut funktionieren können, wenn da nicht ein einziger kleiner Unterschied gewesen wäre: Babak hielt dieses Rollenbild für normal und angenehm und ich hasste es!

Obwohl wir in der gleichen Gesellschaft in Deutschland groß geworden waren und beide Christen waren, klafften unsere Vorstellungen über Rollenbilder, und wie sie praktisch aussehen sollen, meilenweit auseinander! Immer wieder stritten wir uns ausgiebig darum, wer den Geschirrspüler ausräumen, die Wäsche machen oder nachts aufstehen sollte, wenn die Kinder wach wurden. In unserer unbändigen Wut kam zutage, was wir tief in unserem Herzen glaubten und gelernt hatten. Ich war zwar mit den

Kindern zu Hause und ging nicht arbeiten, aber wollte dennoch, dass er ebenso viele Aufgaben im Haushalt übernahm wie ich – nicht weil ich es nicht geschafft hätte, sondern damit es fair ist! (Und ich mich nicht fühle, als würde ich das Leben meiner Mutter leben, dem ich als Teenager so abgeschworen hatte.) Babak dagegen sagte mir, ich solle keine Regale anbringen, denn handwerkliche Aufgaben könne nur er übernehmen – er sei der Mann, und irgendwie müsse sich seine Männlichkeit ja praktisch ausdrücken. Eigentlich kämpfte jeder von uns mit sich selbst und seiner Vergangenheit, aber weil es leichter ist, mit einem Gegenüber zu streiten, projizierten wir all unseren Ärger auf unser Gegenüber und stritten uns, dass die Fetzen flogen. »Wer hat hier die Hosen an?«, war die Frage unseres Alltags.

Mit dem Thema Ehe beschäftigt sich das folgende Kapitel, deshalb möchte ich hier nur wenig dazu sagen. Doch eins ist mir wichtig: Die Frage, was Gott zu diesem Thema zu sagen hat, war nicht eine zusätzliche Belastung, sondern unser einziger Weg in die Freiheit! Wir begannen zu überlegen, wie Gott Rollenbilder sieht. Eines Abends setzte ich mich nach einem Tag, an dem es bei mir konstant im Kopf gerattert hatte, zu Babak auf die Bettkante und sagte: »Wenn es tatsächlich stimmt, dass ich von Gott nicht berufen bin, zu tun, was ich tue, sondern primär den Haushalt und die Kinder zu versorgen, dann wird das früher oder später mein ganzes Leben verändern. Das ist nicht nur Theologie, das ist mein Leben!« Er sah mich an und hatte keine Antwort. Und mehr und mehr machten wir uns auf die Suche nach Gottes Wort. Ich hielt Babak auf dem Laufenden, was meine theologischen Studien ergaben, und fragte immer wieder: »Was denkst du dazu?« Im Gespräch über Gottes Gedanken entwickelte sich ein klareres Bild. Wir sind uns nun einig, dass die Frau zur Leitung und Lehre berufen ist – nicht aufgrund unserer Erfahrung oder Gefühle, sondern aufgrund von Gottes Wort. Wir wissen beide, dass Gott nie gesagt hat, der Mann solle arbeiten und die Frau Hausfrau sein. Wir sind noch auf dem Weg, suchen weiter und finden uns in Gottes Geschichte. Aber auf diesem Weg gehen wir jetzt gemeinsam und nicht mehr gegeneinander. Meistens.

Babak lernt, dass Gott ihn beauftragt, mich zu lieben und nicht zu dominieren. Ich lerne, dass es nicht bedeutet, minderwertig zu sein, wenn man sich hauptverantwortlich um den Haushalt und die Kinder kümmert. Nur die Erkenntnis, dass Gottes Vorstellung der Rollenbilder um einiges flexibler und weiter ist als die Bilder, die uns geprägt haben, hilft uns, uns auf einen Weg zu begeben, der uns beide glücklich macht.

Da dieses Buch höchstwahrscheinlich hauptsächlich von Frauen gelesen wird, hier mein Rat aus eigener schmerzhafter Erfahrung: Lasst uns unsere Männer als Verbündete auf diesem Weg in eine neue Freiheit sehen! Sie sind teilweise genauso orientierungslos und hilflos wie wir. Nicht sie sind es, die sich uns in den Weg stellen, sondern die Missverständnisse der Vergangenheit, und die lassen sich zu zweit viel leichter ausräumen als allein.

DIE FREIHEIT UMARMEN

Wenn wir nun tatsächlich altbekannte Überzeugungen wie die Ablehnung der Berufstätigkeit junger Mütter oder die klare traditionelle Rollenaufteilung von Frau und Mann hinterfragen; und wenn wir dann tatsächlich gemeinsam zu dem Schluss kommen, dass Gott uns viel mehr Raum und Freiheit lässt, als wir anfangs vermutet hätten; und wenn wir dann beginnen, Leidenschaften und Kreativität in uns zu entdecken wie die edle Frau der Sprüche – was dann?

Wird dann plötzlich alles anders? Müssen wir jede Möglichkeit wahrnehmen, die sich uns bietet? Wie weit geht die Freiheit und wo brauchen unsere Männer und Kinder uns tatsächlich zu Hause? Was ist dran in welcher Lebensphase? All diese Fragen benötigen eine Antwort – eine individuelle Antwort. Und das braucht Mut und Weisheit. Denn wo Freiheit ist, ist immer Verantwortung.

Als meine Mutter Mutter wurde, musste sie nicht viel reden. Sie hatte von ihrer Mutter und von ihrem Umfeld vorgelebt bekommen, was nun von ihr erwartet wurde. Meinem Vater ging es ähnlich – er kannte seine Rechte und Pflichten. Ich verstehe, dass diese Klarheit einen gewissen Charme hat und dass sie viele Konflikte umschifft. Heute dürfen und müssen wir all diese Dinge diskutieren, kommunizieren und Kompromisse schließen. Wir dürfen herausfinden, was wir selbst wollen, dann verstehen, was die anderen Mitglieder der Familie sich wünschen, und darüber ins Gespräch kommen. Das ist harte Arbeit und nicht zu unterschätzen, aber ich bin der Meinung, dass es sich lohnt!

Wir brauchen auf diesem Weg ein offenes Herz, um Gott reden zu hören, und einen klaren Schulterschluss mit unseren Männern. Dann können wir uns entscheiden. Frei. Wie wollen wir unsere Familie gestalten? Was ist uns wichtig? Was legt Gott uns aufs Herz? Und wenn wir dann doch alles so machen wie früher, dann ist das nicht mehr minderwertig oder konservativ – dann ist das ein Ausdruck unserer Freiheit, unsere Familie so zu gestalten, wie wir es für das Beste halten!

Die bessere Hälfte: Frauen in der Ehe

Sollen Frauen Männern gehorsam sein?
Wie funktioniert biblische Partnerschaft?

———

DIE EWIGE SEHNSUCHT NACH LIEBE

»Ehe macht dick – und hält trotzdem gesund«[92], proklamiert die Süddeutsche Zeitung. In den ersten Ehejahren sammeln viele Paare überflüssige Pfunde. Man wisse sich bedingungslos geliebt und so leide die Fürsorge für den eigenen Körper und die Fitness gleich dazu. Dennoch seien verheiratete Menschen durchschnittlich gesünder als unverheiratete. Man vermutet, dass die gegenseitige Fürsorge der ausschlaggebende Grund dafür ist. Ich finde das witzig und muss schmunzeln. Zum einen über die Ehepaare. Denn ich kenne einige – uns selbst eingeschlossen – auf die diese Phänomene zutreffen. Und zum anderen über die Menschen, die sich die Mühe gemacht haben, zu diesen Fragen Umfragen durchzuführen. Aber vielen Dank an dieser Stelle, liebe Redakteure der Süddeutschen! Ihr habt mir eine nette Einleitung zu diesem Kapitel ermöglicht.

Die meisten Statistiken zum Thema Ehe zaubern mir leider kein Lächeln ins Gesicht. Das Bundesinstitut für Bevölkerungsforschung hat 20- bis 39-Jährige zu ihrer Meinung über die Ehe befragt. Immerhin gab nur ein Drittel von ihnen an, dass die Ehe eine überholte Einrichtung sei. Aber lediglich 43 Prozent fanden, dass es notwendig sei zu heiraten, wenn man eine dauerhafte Beziehung führen möchte. Grundsätzlich scheinen ein großer Respekt und eine zunehmende Unentschlossenheit zu bestehen, denn man überstürzt das Heiraten heute nicht mehr. Das Durchschnittsalter am Hochzeitstag liegt bei Frauen bei 31 und bei Männern bei 34 Jahren.[93] So weit zur Meinung über die Ehe.

Noch ernüchternder finde ich die Fakten. Seit 1997 wird in Deutschland im Durchschnitt mindestens jede dritte Ehe geschieden, 2003 und 2004 waren es sogar über 42 Prozent.[94] Das durchschnittliche Scheidungsalter lag bei 45 Jahren.[95]

Ich verstehe, dass man als nicht gläubige Bürgerin dieser Gesellschaft die Ehe als nicht zwangsweise notwendig empfindet. Natürlich gibt es Vor- und Nachteile der Ehe, aber ich verstehe es, wenn die Nachteile für eine Frau überwiegen. Für mich persönlich hing der Schritt zum Heiraten ganz eng mit meinem Schritt, mein Vertrauen in Jesus zu setzen, zusammen. Denn wenn ich glaube, dass Gott mein Leben in der Hand hält, glaube ich an den, der die Ehe geschaffen hat. Der Bund fürs Leben ist nämlich keine menschliche Erfindung – sie ist eine Idee direkt aus dem Himmel.

Doch ich sehe in diesen Statistiken mehr als nur blanke Zahlen. Ich sehe Menschen. Biografien. Kinder. Und eine Sehnsucht. Denn bei diesen Zahlen geht es um diejenigen Personen, die sich für eine Heirat entschieden haben. Jede der 324.794 Personen, deren Ehen im Jahr 2016 geschieden wurden[96], stand einmal vor einem Traualtar oder im Standesamt und sah ihrem Partner oder ihrer Partnerin in die Augen – in Liebe. Voller Hoffnung und Entschlossenheit.

»Ich verspreche dir die Treue in guten und bösen Tagen, in Gesundheit und Krankheit, bis der Tod uns scheidet. Ich will dich lieben, achten und ehren alle Tage meines Lebens.«

Da war ein Funkeln in den Augen und vielleicht liefen Tränen des Glücks die Wangen hinunter. Ein weißes Kleid kennzeichnete den Mut, es zu wagen und auszusprechen: »Wir sind füreinander gemacht! Wir haben eine gemeinsame Zukunft.« Da waren Träume und Visionen von der Zukunft.

Von gemeinsamen Reisen und kleinen Kindern, vom Alter im Schaukelstuhl. Hand in Hand, nie mehr allein wollten sie durchs Leben gehen.

Und dann kam der Alltag. Das Hochzeitskleid hing ungereinigt im Schrank. Und nachdem die Euphorie verflogen war, kam der erste Streit. Der zweite. Der dritte. Es kam das erste Kind. Und das zweite. Und vielleicht hielten sie durch – für die Kinder. Doch innerlich entfernten sie sich voneinander. Funktionierten. Und als die Kinder unabhängiger wurden, war da nur noch Leere. Die Liebe sei verflogen, und man habe sich auseinandergelebt, heißt es dann häufig. Jede dieser hundertzweiundsechzigtausenddreihundertsiebenundneunzig Frauen und der dazugehörigen Männer hatte liebevoll und unter Tränen geflüstert: »Ja, ich will.« Und doch war der Tag gekommen, an dem der eine dem anderen ins Gesicht geschrien hatte: »Dann lassen wir uns eben scheiden!«

Wie konnte es dazu kommen? Wohin hat sich die Liebe verflüchtigt? Wer kann sie festhalten? Und wie kann man verhindern, dass man sich auseinanderlebt? Im Angesicht dieser Statistiken brauchen wir Antworten auf diese Fragen.

DIE EMANZIPIERTE UNABHÄNGIGKEIT

Eine Lösung erklingt ganz deutlich. Es ist die Lösung derer, die gar nicht erst geheiratet haben und die dann auch für die Geschiedenen zur Wahrheit wird: Unabhängigkeit. Punkt. Ich brauche niemanden, um glücklich zu sein. Ich

MEIN *Wille* HATTE
DAS STEUER IN
DER HAND. *Gefühle*
MEINE
SASSEN AUF DER
RÜCKBANK.
SIE MUSSTEN MIT,
DOCH SIE DURFTEN
NICHT *lenken.*

komme gut allein klar. Man muss sich nicht binden, um sich zu lieben. In unserer Gesellschaft brauchen Frauen keine Männer mehr. Punkt.

Diese Haltung ist eher eine Mauer der Angst und eine Strategie zur Vermeidung von Konflikten als eine tatsächliche Lösung. Denn wir sind nicht auf Unabhängigkeit angelegt. In einigen Lebensbereichen schon, zum Beispiel in der Beziehung zwischen Eltern und Kindern. Kinder werden in kompletter Abhängigkeit geboren, aber sie sind darauf programmiert, von Tag zu Tag unabhängiger zu werden. Ich merke das im Moment besonders an meinem zweijährigen Sohn. Er hat ein neues Lieblingswort: »Alleine!« Dachte er noch vor einigen Monaten, dass er ich ist und es keinen Unterschied zwischen seinem und meinem Willen gibt, ist er jetzt immer mehr darauf aus, so unabhängig wie möglich zu sein, selbst wenn das zerbrochene Gläser und blaue Flecken mit sich bringt. Die Nabelschnur wird immer länger.

Doch Ehe hat ein anderes Ziel: Abhängigkeit. Radikale. Unbändige. Intime. Abhängigkeit. So abhängig, wie wir von Jesus sind. Immer wieder wird die ideale Beziehung zwischen Mann und Frau als Bild für die ideale Beziehung zwischen der Kirche und ihrem Gott beschrieben. Jesus ist mir näher als meine eigene Haut. Treuer als jedes Versprechen. Liebevoller als der beste Traummann. Das ist das Ziel, die Inspiration und die Herausforderung.

WENN SCHEIDUNG KEINE OPTION IST

Ein altes Ehepaar wurde einmal nach dem Rezept für ihre langjährige Ehe gefragt und sie antworteten: »Wir wurden in einer Zeit geboren, in der man kaputte Dinge reparierte, anstatt sie wegzuwerfen und zu ersetzen.« Was für eine Aussage! Darin steckt eine so tiefe Wahrheit! Sie inspiriert mich und spiegelt eine realistische Sicht auf die Ehe wider: In der Ehe werden wir verletzt, und immer wieder gehen Träume, Selbstvertrauen und Respekt kaputt. Wo zwei Menschen sich so eng aneinander reiben, werden wir nicht unverändert und damit auch nicht unverletzt bleiben. Das tut manchmal weh. Und dennoch spricht dieses Paar davon, dass es möglich ist, in diese Situationen wieder Heilung hineinzubringen und nicht an ihnen zu scheitern. Nicht wegzuschmeißen, was kaputt ist.

Diese Haltung ist mir sehr vertraut. Ich kenne viele Ehepaare in der Generation meiner Großeltern, die genau das lebten. Und ich finde es toll! Dennoch kenne ich auch die andere Seite dieser Haltung. Ich weiß von Ehen, in denen jede Liebe fehlt, und von Menschen, die dennoch krampfhaft und unter großen Opfern und Schmerzen daran festhalten. Ich kenne Frauen, die in ihrer Ehe vergewaltigt und misshandelt wurden, und dennoch gab es genug fromme Sprüche, die sie von einer Scheidung abhielten. Leider bedeutet für viele dieser Ehepaare das kompromisslose Verheiratetbleiben nicht, dass ihre Verletzungen heilen durften. Frauen leiden unter der Gewalttätigkeit ihrer Männer, Männer unter Frauen, die sie mit Worten (oder Fäusten) bekämpfen. In anderen Ehen haben sich einfach beide Partner mit ihrer Situation arran-

giert. Kein Sexualleben. Keine Leidenschaft. Keine geteilten Interessen. Keine Wärme. Keine Zärtlichkeit. Und auch kein Streit. Nur noch kühle, strenge Gebundenheit. Doch das ist ganz bestimmt nicht Gottes Plan. Das meint er nicht. Das will er nicht. Eine Ehe aus Pflichtbewusstsein kann halten, aber sie spiegelt nicht Gottes Schönheit wider. Die Bestimmung für unsere Ehen ist viel größer, als nur durchzuhalten und einer Scheidung aus dem Weg zu gehen.

Vor einer Weile habe ich mich sehr mit meinem Mann gestritten. Ich erinnere mich nicht mehr genau, um was es eigentlich ging. Ich weiß nur noch, dass ich weg wollte. Am liebsten weg aus meinem Leben. Und vor allem weg aus dieser Ehe. Er hatte zu irgendetwas, was ich sehr gern wollte, gesagt, er wolle es auf keinen Fall. Er würde es einfach nicht tun. Einfach so. Punkt. Ich konnte ihn nicht umstimmen, fand seine Argumente nicht ausreichend, aber es änderte nichts. Und da war wieder dieses Gefühl, gefangen zu sein. Das konnte es doch nicht sein! Ich wollte es nicht wahrhaben, dass er das einfach so sagen konnte und mit dieser Entscheidung mein Leben so stark beeinflusste! Sein Nein bedeutete, dass ich es nicht tun konnte. Manche Dinge macht man gemeinsam oder gar nicht und er hatte damit Macht über mich. Dabei war ich doch frei und unabhängig! Bis zu dem Moment vor einigen Jahren, an dem ich »Ja« gesagt hatte. Und hier war ich und stritt mit meinem Mann. Und nun bereute ich meine Entscheidung für die Ehe.

Ich lief hinaus, setzte mich ins Auto, weinte meinen Frust am Lenkrad heraus und fuhr zur Start- und Landebahn eines Flughafens in unserer Nähe, um den Sonnenuntergang zu sehen und die Freiheit der startenden Flugzeuge einzuatmen. Ich wollte weg. Und war gebunden.

Scheidung war keine Option und doch schien sie so verlockend. So hatte ich es immer gemacht. Wenn mir etwas nicht gefiel, mich einengte oder sich mir in den Weg stellte, ging ich einfach weg und hatte ein Problem weniger. Aber jetzt ging das nicht. Ich wollte das und er wollte es nicht. Dafür musste es doch eine Lösung geben! Doch eine andere als Scheidung fiel mir nicht ein.

ABHÄNGIGE LIEBE

Im ersten Akt der Bibel lesen wir, wie Gott die Menschheit durch Mann und Frau schuf. Vielleicht um deutlich zu machen, wie wichtig, essenziell und unabkömmlich diese intime Beziehung ist?

Doch erstmal spricht Gott nur davon, »Menschen« zu schaffen. Nicht der Mann ist nach seinem Abbild geschaffen, sondern der Mensch. Und er schuf sie als Mann und Frau. Mann und Frau zusammen bilden den Menschen[97] – die Menschheit. In dieser Symbiose zeigt sich Gott. Wie schön, oder?

Es steckt aber noch viel mehr Schönheit in diesen Worten. Als Adam Eva das erste Mal sah, rief er aus: »Endlich! … Sie ist ein Teil von meinem Fleisch und Blut! Sie soll ›Männin‹ heißen, denn sie wurde vom Mann genommen« (1. Mose 2,23). An dieser Stelle wird im Hebräischen zum ersten Mal für den Mann nicht das Wort Adam verwendet, sondern »Isch«. Das ist das hebräische Wort für Mann. Und zu seiner Eva sagt er *Ischa*. Er spricht damit nicht in etwas altmodischer Umgangssprache und sagt: »Isch und meine Ische[98]«, er spricht

Identität. Als sie sich begegnen, wird der Mann zum Mann und die Frau zur Frau. Erst als sie ein Gegenüber haben, werden sie zu dem Geschlecht, das sie sind. Ihre Identität steht in Abhängigkeit zur Identität des anderen. Hier höre ich Gott flüstern: »Ihr werdet nicht männlicher, wenn ihr alles allein machen wollt. Und ihr werdet nicht weiblicher, wenn ihr euch so unabhängig wie möglich macht. Ihr werdet zu echten Männern und Frauen, wenn ihr euch eingesteht, dass ihr einander braucht und abhängig voneinander seid.«

Die Lösung ist also nicht die komplette Unabhängigkeit, die der Feminismus teilweise verkündigt, und auch nicht die einseitige Abhängigkeit, die die konservative Theologie teilweise predigt. Es ist gegenseitige Abhängigkeit und Abhängigkeit von Gott, die hier beschrieben wird.

Diese Abhängigkeit zieht sich durch den ganzen Abschnitt. Denn als Gott beschließt, Adam eine »Hilfe« zu machen, benutzt er das Wort »Ezer«. Ezer meint keine Putzhilfe, Kindermachhilfe oder Hilfe zur sexuellen Befriedigung, sondern beschreibt eine dringend notwendige Hilfe. Eine Ergänzung und Rettung, ohne die der andere Teil nicht überlebensfähig wäre. In Psalm 22 wird Gott in ausweglosen Situationen als Rettung und Hilfe mit eben diesem Wort beschrieben – Ezer. Gott schafft eine Hilfe. Er schafft Abhängigkeit. Damit die Menschen Seite an Seite durchs Leben gehen können.

Als Gott die Frau aus der Rippe des Menschen formt, steht dort das hebräische Wort »Zela«. Zela hat die Bedeutung einer Seite, einer Hälfte oder kann ein Teil einer Flügeltür meinen. Das Wort beschreibt die perfekte Ergänzung als das passende Gegenstück. Die Frau ist nicht aus einem kleinen Rippennochen geschaffen, sondern aus der Seite des Mannes. Mann und Frau, die zwei Seiten der Menschheit, stehen wie die zwei Teile einer Flügeltür für die zwei Facetten Gottes. Eine Flügeltür erfüllt nur ihre Aufgabe, wenn beide Seiten intakt sind. Gott schafft absichtlich Abhängigkeit, um seine Schönheit zu zeigen. Wir sind nicht nur dummerweise aufeinander angewiesen, wir *sollen* aufeinander angewiesen sein.

Wenn ich mich also in meiner Ehe abhängig fühle, nicht mehr autonom bin, dann ist das ein heiliges Gefühl. Ein gewollter Zustand. Nicht um mich gefangen zu halten, sondern um mich frei zu machen, denn die biblische Vorstellung von Ehe widerspricht zwar dem Autonomiebestreben des Menschen[99], aber sie tut uns gerade deshalb so gut. Wir sind nicht für Autonomie geschaffen. Keine Frau wurde jemals auf Autonomie angelegt – erst in Beziehungen, in denen wir uns verletzlich und abhängig machen, verstehen wir wahre Freiheit. Wir sind für Abhängigkeit geschaffen. Abhängigkeit von Gott und Abhängigkeit von Menschen. Alles hängt zusammen. Alles soll zusammenhängen.

Interview mit
Annemie Grosshauser

Annemie ist eine meiner wertvollsten Beraterinnen. Sie hat meinem Mann und mir zu einem gesunden Start in unserer Ehe verholfen, und immer wenn wir mal nicht weiterkommen, finden wir bei ihr liebevollen und ehrlichen Rat. Annemie ist Psychologin und arbeitet als Seelsorgerin – sie hatte schon viele Ehepaare aus der ganzen Welt auf ihrer Couch sitzen, und ich freue mich, ihre Gedanken mit euch teilen zu dürfen!

Sarah: Wie lange bist du verheiratet und was ist für dich das Schönste daran?

Annemie: Wir sind seit 44 Jahren verheiratet und haben vier wunderbare Kinder und acht lebhafte Enkelsöhne. Ehe ist für mich eine gemeinsame Reise, auf der man sich immer wieder neu entdeckt und den anderen schätzen lernt. Mein Mann und ich sind beste Freunde, wir haben viele gemeinsame Interessen, und wir haben durch unsere Auslandstätigkeit schon viele Abenteuer miteinander bestanden – das schweißt uns zusammen.

Sarah: Ordnest du dich deinem Mann unter?

Annemie: Unterordnung war für mich in den ersten Ehejahren ein Reizwort, zumal wir erst anderthalb Jahre nach unserer Hochzeit gläubig wurden und das alles neu für uns war. Zwei Aspekte haben mir im Laufe der Jahre dabei geholfen, einen positiven Zugang dazu zu finden und die Unterordnung zu bejahen: In Epheser 5 werden wir aufgefordert, uns einander unterzuordnen aus Ehrfurcht vor Christus; und erst darauf folgt die Aufforderung, dass ich mich als Frau meinem Mann unterordne, wie ich mich auch dem Herrn unterordne. Meiner Meinung nach hat Unterordnung mit Vertrauen zu tun. Ich kann mich Gott unterordnen, weil ich weiß, dass er nur Gutes für mich möchte. Als Ehepartner sind wir beide zerbrochene Gefäße, die Vertrauen neu lernen müssen. Das ist oft ein langer Weg, auf dem viele Verletzungen Heilung brauchen, damit Vertrauen wachsen kann. Ein weiterer wichtiger Aspekt von Unterordnung ist gegenseitige Achtung. Indem ich meinen Mann achte und liebe, kann ich mich unter ihn stellen und zum Beispiel bei wichtigen Entscheidungen mal auf meine Rechte verzichten, weil es uns beiden zum Frieden dient.

Sarah: Und ordnet dein Mann sich dir unter?

Annemie: Wir haben beide unsere eigenen Stärken und Gaben, da ist der eine gern bereit, in den jeweiligen Bereichen dem anderen zu vertrauen und ihm die Führung zu überlassen. Wenn es um die Einschätzung von persönlichen Thematiken oder praktischen Abläufen geht, vertraut mein Mann mir oft und überlässt mir die Entscheidung.

Sarah: Annemie, du hast schon so viele Ehepaare beraten und ihre Geschichten gehört. Was sind deiner Meinung nach Hindernisse dabei, sich in der Ehe unterzuordnen, einander zu lieben und zu respektieren?

Annemie: Unterordnung durch Macht und Vorherrschaft begann schon im Paradies, als der Feind den Menschen von Gott entfremdete. Dieser geistliche Kampf setzt sich in der Ehe fort, verstärkt durch eigene Wunden wie Ablehnung, Scham, Verlassenheit etc., die jeder aus seiner Lebensgeschichte mitbringt. Wenn jeder Partner lernt, diese Wunden Gott hinzuhalten, wird er emotional wachsen und geistlich reifen, und

---

dies sind wichtige Voraussetzungen für eine gegenseitige Wertschätzung und gottgewollte Form der Unterordnung. Vergebung ist dabei ein Schlüsselwort! Ruth
Graham, die Ehefrau von Billy Graham, sagte einmal:
»Eine erfolgreiche Ehe besteht aus zwei Menschen, die
gut vergeben können.« Und so wie Jesus das Haupt
der Gemeinde ist und ihr dient, dürfen Männer ihre
geistliche Verantwortung ernst nehmen, ihre Frau wie
sich selbst zu lieben und sie täglich im Gebet unter
den Schutz Gottes zu stellen. Das nimmt schon eine
Menge Angriffspunkte!

Sarah: Und was rätst du Ehefrauen, die damit kämpfen?

Annemie: Eine Ehefrau kann Gott bitten, dass sie ihren Mann mit Gottes Augen und aus seinem Herzen
sehen kann, nicht aus der eigenen Wunde heraus und
nicht aus der eigenen Enttäuschung, sondern so, wie
Gott ihn gemacht hat (und noch formen will). Dann
bekommen Achtung und Unterordnung ein anderes
Gewicht. Sie kann ihren Mann segnen, ihren Blick
auf das Gute und Gemeinsame richten und Gott
für all das danken, was er schon verändert hat und

noch schenken will. Diese Haltung schafft Raum für Gottes Wirken.

Sarah: Vielen Dank für deine Gedanken!

FREIWILLIGE LIEBE

Die Feststellung der absichtlichen Abhängigkeit treibt uns gleich ins nächste Missverständnis. Dieses liegt nicht auf der Seite der Feministinnen, sondern bei konservativen Christen. Denn mitten im Dilemma der konservativ-christlichen Ehe steht die Frage: Muss die Frau sich unterordnen? Wenn ja, wem? Und unter welchen Umständen nicht mehr? Kompromisslos oder mit Einschränkungen? Die Bibel ist klar:

> *Ordnet euch aus Achtung vor dem Herrn bereitwillig einander unter. Ihr Ehefrauen sollt euch euren Männern unterordnen, so wie ihr euch dem Herrn unterordnet. Denn der Mann ist das Haupt seiner Frau, wie Christus das Haupt seines Leibes – der Gemeinde – ist, für die er sein Leben gab, um sie zu retten. … Und ihr Ehemänner, liebt eure Frauen mit derselben Liebe, mit der auch Christus die Gemeinde geliebt hat. Er gab sein Leben für sie … Und wir gehören zu seinem Leib. In der Schrift heißt es: »Deshalb wird ein Mann Vater und Mutter verlassen und sich an seine Frau binden und die beiden werden zu einer Einheit.«*
>
> Epheser 5,21-23.25.30-31

Früh auf meinem Weg als Christin wurde mir beigebracht, dass sich das Vertrauen einer Frau Gott gegenüber in dem Gehorsam ihrem Mann gegenüber äußere. Nach diesem Prinzip leben und gestalten heute noch Millionen von Christinnen ihr Eheleben. Doch heute stelle ich für mich fest: Das ist nicht die ganze Wahrheit. Der Mann ist niemals als Mittler zwischen Gott und der Frau bestimmt worden. Die allgegenwärtige Frage: »Wer von uns ist wichtiger?«, hat die Menschen dazu gedrängt, eine eindeutige Antwort zu suchen. In einer männlich dominierten Gesellschaft ist es nicht schwer zu erraten, wie das Urteil ausgefallen ist. Man kann in die Bibel eine Menge Dinge hineinlesen, wenn man möchte. Die Frage bleibt jedoch: Was hat das Gesagte ursprünglich bedeutet und was will Gott uns damit sagen?

In Epheser 5 spricht Gott über Abhängigkeit, nicht über blinden Gehorsam. Denn die Unterordnung der Frau steht unter der Überschrift und im Kontext der gegenseitigen Unterordnung.[100] Es wird damit nur noch einmal wiederholt, was auf Mann und Frau zutrifft. »Mann und Frau ordnet euch einander unter. Frauen ordnet euch den Männern unter.« Das hebt nicht auf, was vorher gesagt wurde. Wie kommen wir auf diese Idee?

Außerdem ist Unterordnung hier als organische Zusammengehörigkeit zu verstehen, nicht als Machtstruktur.[101] Hypotassetai (das griechische Wort für »unterordnen«) bedeutet »in gute Ordnung stellen«, nicht blinden Gehorsam oder Selbstaufgabe, sondern das Bejahen der Würde und Ehre dessen, dem jemand zu- und damit untergeordnet ist. »Haupt« bedeutet hier nicht Oberhaupt oder Herrscher, sondern Quelle oder Ursprung.[102] Würde es um Gehorsam und Kontrolle gehen, würden die Frauen einfach wie die Kinder und Sklaven in den Versen danach dazu aufgefordert werden, gehorsam zu sein.[103] Doch hier geht es um proaktive Unterordnung.

Besonders bezeichnend finde ich, dass weder Mann noch Frau dem anderen von Gott unter- oder übergeordnet werden. Nein, Gott fordert uns

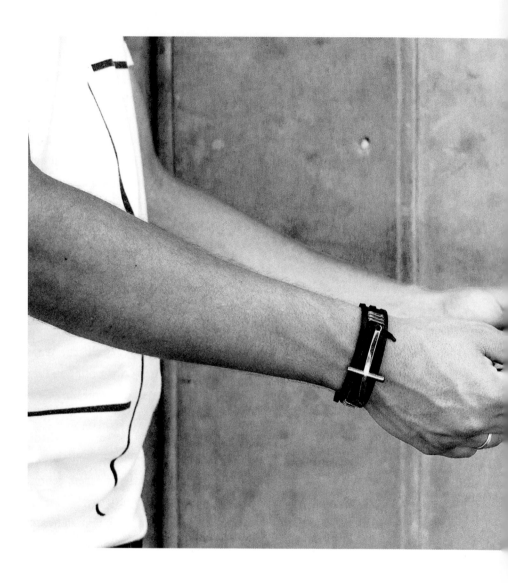

auf, uns selbst aus freien Stücken einander unterzuordnen.[104] Wir sind die Aktiven. Wir werden nicht unterdrückt, und es gibt keine Berechtigung und keinen Aufruf zur Unterdrückung, nur einen Aufruf zur Liebe. Zu opfernder, selbstloser und rücksichtsvoller Liebe. Die Frau wird nicht untergeordnet, sondern darf sich selbst entscheiden, sich in diese Ordnung zu stellen. Seite an Seite. Einer immer niedriger als der andere. Bis wir in der Hand Gottes, die uns hält, wenn wir fallen, ankommen und von ihm erhöht werden. Gemeinsam. »Denn jeder, der sich selbst erhöht, wird erniedrigt werden, und wer sich selbst erniedrigt, wird erhöht werden« (Lukas 14,11; ELB). Wirklich erhöht wird nicht, wer sich aus eigener Kraft möglichst hoch hinauskämpft, sondern wer sich so sehr erniedrigt, dass er von Gott weit höher erhöht wird, als er aus eigener Kraft kommen könnte.

Im Bibeltext über die Unterordnung der Frau gibt es viele Dinge, die unserer Kultur nicht entsprechen, deshalb ist es besonders wichtig, sich anzusehen, in welchen Punkten der Text der Kultur, in der er geschrieben wurde, nicht entsprach. Um es mit John Ortbergs Worten[105] zu sagen: In welche Richtung prägt das Wort Gottes hier? Die Faktoren, die der damaligen Kultur nicht entsprechen, sind das *freiwillige* Unterordnen und das *gegenseitige* Unterordnen – dass in einer von Männern dominierten und beherrschten Welt sich auch der Mann der Frau unterordnen soll. Dass ein Mann seine Familie nicht hauptsächlich beherrschen, sondern lieben soll – und zwar über alle Maßen –, dass er bereit sein soll, sich für die Frau hinzugeben, für sie zu sterben, war nach damaligem Verständnis eine reine Frechheit.

Ja, Gott schuf uns für Abhängigkeit. Für radikale, intime, kompromisslose und freiwillige Abhängigkeit. Ulrich Mack schreibt, dass gegenseitige Unterordnung die Wirkung und ein Zeichen der Geisterfüllung ist.[106] Geistgeleitetes Leben ist mutiges Leben. Es bedeutet, die Kontrolle loszulassen und sich in eine Abhängigkeit zu stellen. Das ist ein großer Schritt des Loslassens, für mich einer der schwierigsten. Es ist, als würde ich von einem Boot ins kalte Wasser springen, die Sicherheit loslassen, die ich im Boot verspüre. Doch ich merke, dass meine Angst vor dem Wasser und dem Loslassen darin begründet ist, dass ich das Wasser nicht gut genug kenne. Ich weiß nicht, welche Strömungen wo verlaufen, wie sich der Wind und das Wetter auf die Temperatur und die Höhe der Wellen auswirken. Ich kann die Zeichen der Natur nicht lesen und bin deshalb einer Gewalt ausgeliefert, die die Macht hätte, mich umzubringen, wenn ich ihr vertraue. In wenigen Minuten.

So fühle ich mich manchmal mit Gott. Ihm zu vertrauen und mein Ego, meine Wünsche, meine Unabhängigkeit loszulassen, scheint, als würde ich mich einer Gewalt ausliefern, die mich ab dem Zeitpunkt, an dem ich keinen Grund mehr unter den Füßen habe, in der Hand hat. Ich merke, dass ich den Charakter dieser Gewalt kennenlernen muss. Je mehr ich über Gott weiß, wie er denkt, was ihn bewegt, wie er leitet und welche Ziele er hat, desto leichter fällt es mir, mich von ihm treiben zu lassen. Denn ich kenne dann den, der mich trägt. Ich bin nicht »irgendeiner Gewalt« ausgeliefert, sondern weiß, dass der, der mich trägt, mein Bestes im Sinn hat. Er ist liebevoll, wohlwollend und gutmütig. Er macht aus allem das Beste für mich. Er lässt mich nicht ertrinken oder liefert mich den Haien aus, stattdessen trägt er mich weiter hinaus, als ich es aus eigener Kraft jemals geschafft hätte. In diesem Wissen fällt mir das Loslassen schon viel leichter und tut mir sogar gut. Ich kann an meine Ehe glauben, weil ich weiß, dass Gott es gut mit mir meint. Er hat uns zur Abhängigkeit geschaffen, weil es das Beste für uns ist, nicht weil er mich gefangen halten will.

Ich denke wieder an den Abend, an dem ich die Wohnung verließ und mich am liebsten scheiden lassen wollte. Da saß ich also und sah die Flugzeuge in den Himmel steigen und wollte fliehen. Doch wenn ich weggeflogen wäre, wäre ich allein gewesen. Und es ist nicht gut, dass der Mensch allein ist. Ich wäre der Illusion gefolgt, dass ich dazu bestimmt bin, unabhängig zu sein.

Also stieg ich ins Auto und fuhr nach Hause. Mein Wille hatte das Steuer in der Hand. Meine Gefühle saßen auf der Rückbank. Sie mussten mit, doch sie durften nicht lenken. Ich fuhr nach Hause in die Ordnung, in die ich mich gestellt hatte. Ich hatte Gott all meine Wünsche gesagt, hatte sie losgelassen. Ich schloss die Tür auf. Ging ins Wohnzimmer zu meinem Mann. Dem ich gesagt hatte, dass ich ihn lieben würde. In guten wie in schlechten Zeiten. Bis dass der Tod uns scheidet. Das hier waren schlechte Zeiten. Aber ich würde lieben. Über meine Lippen hörte ich die Worte fliegen: »Es tut mir leid. Ich wollte dich nicht bedrängen.« In einer vergebenden Umarmung liegt so viel mehr Freiheit als in der verführerischen Unabhängigkeit.

Noch etwas ist mir wichtig: Die Unterordnung hat nichts mit Selbstaufgabe zu tun. Wenn in deiner Ehe Gewalt herrscht, dann such dir Hilfe. Wenn dein Mann dich oder deine Kinder körperlich oder seelisch misshandelt, nimm das nicht hin. Wenn er ein Alkohol- oder Drogenproblem hat, dann hilf ihm nicht, es zu vertuschen, sondern such dir guten Rat und Hilfe. Du hilfst deinem Mann nicht, wenn du ihm erlaubst, weiter an dir oder deinen Kindern schuldig zu werden.

SICH WICHTIG NEHMEN

So sehr wir auch oft vor äußerlichem Selbstbewusstsein strotzen, ich habe die Erfahrung gemacht, dass die selbstbewusst wirkenden Frauen häufig die unsichersten sind. Die Kämpferinnen sind meistens die, die sich als Verliererinnen empfinden.

Aber wir müssen nicht kämpfen, denn wir sind keine Verliererinnen. Wir sind wichtig. Eine notwendige Hilfe. Gott hat die Welt nicht für Männer gemacht. Er hat uns geschaffen und »sehr gut« genannt. Er hat die Männer so geschaffen, dass sie uns brauchen – die Abhängigkeit ist gegenseitig. Egal was uns unsere Väter, Großväter, Politiker, Lehrer und andere Autoritäten gesagt haben, unser Schöpfer ruft uns zu: »Du bist wichtig! Du bist die Antwort auf die Not. Die einzige Hilfe.« Wer das weiß, kann aufhören zu kämpfen.

Ich selbst habe mich schon oft im Kämpfer-Modus befunden. Immer wieder und viel zu häufig. Plötzlich strenge ich mich besonders an, leiste besonders viel, widerspreche besonders oft, will immer wieder recht haben, fühle mich schnell angegriffen, bin oft gekränkt, denke immer wieder, dass andere mich ungerecht behandeln. Warum? Weil ich glaube, ich wür-

de sonst verlieren. Ich habe Angst, unterzugehen, und deshalb fahre ich die Waffen aus. Meistens kommt irgendwann der Punkt, an dem ich unter der Last meiner eisernen Waffen zusammenbreche. Weinend und wütend werfe ich mich Gott hin und rufe: »Das ist so ungerecht! Ich kann nicht mehr!« Und immer wieder flüstert er mir leise zu: »Du musst auch nicht. Du bist schon wichtig. Ich wollte dich. Will dich immer noch. Du musst nicht mehr kämpfen. Ich habe schon gekämpft.«

Aus diesem Frieden und Selbstbewusstsein heraus bin ich in der Lage, neu zu lieben. Und mich unterzuordnen.

MICH UNTERORDNEN

Denn nur weil wir verstehen, dass Männer sich auch uns Frauen unterordnen sollen, bedeutet das nicht, dass sie jetzt an uns alles wiedergutmachen müssen, wo die Männer der Vergangenheit uns ungerecht behandelt haben. Die Aufforderung, unser Konkurrenzdenken und die Frage danach, wer wichtiger ist, durch radikale Unterordnung und die Frage »Wie kann ich ihm dienen?« zu besiegen, gilt nach wie vor auch für uns Frauen. Freiwillig. Wir werden nicht untergeordnet, wir ordnen uns unter – wenn wir wollen. Und dennoch ist es das einzige und einzig wirksame Rezept gegen Feindschaft, Konkurrenz und Egoismus, was Jesus uns vorlebt. Liebe, diene, ordne dich unter. Achte den anderen höher als dich selbst.

»Es ist eine Kunst, verlieren zu lernen, wenn es leicht wäre, zu gewinnen«[107], schreibt Cindy Jakobs. Diese Worte beschreiben das Herzstück des Unterordnens für starke Frauen, denen es nicht mehr darum geht, beweisen zu müssen, dass wir das Zeug dazu hätten, den Machtkampf zu gewinnen. Für Frauen, die wissen, dass der Kampf um Macht nicht der Kampf ist, den wir kämpfen sollen. Wir kämpfen für die Ehe, für die Einheit und zelebrieren unsere Abhängigkeit mit proaktiver Unterordnung, freiwilliger Liebe und Vergebung.

Sechs

Die Frau schweige: Frauen in kirch-lichen Leitungs-positionen

Wie fördern Kirchen begabte Frauen?
Wollen Frauen heute zu viel Macht?

IST DIE KIRCHE NICHT BEREIT FÜR MICH?

Während meines Theologiestudiums habe ich Seite an Seite mit jungen Frauen und Männern aus aller Welt die Bibel studiert. Wir untereinander haben damals gar keinen Unterschied zwischen Frauen und Männern gemacht, und weil wir ihn weder selbst hervorgehoben noch von irgendwelchen Dozenten vermittelt bekommen haben, gab es ihn praktisch nicht. In der Theorie schon – wir lernten, konfliktbehaftete Bibelstellen wie »Die Frauen sollen in den Gemeindeversammlungen schweigen« und ähnliche auszulegen, und befassten uns mit den jeweiligen theologischen Argumenten dazu. Aber in unserem Klassenraum gab es nur Studierende – keine Männer und Frauen.

Umso eindrücklicher ist mir meine erste Predigt in einer Gemeinde im Gedächtnis geblieben. Nachdem ich mich inhaltlich vorbereitet hatte, begann ich einige Tage vor der Predigt, mich damit auseinanderzusetzen, was ich anziehen würde. Ich überlegte, was denn andere Frauen angehabt hatten, als sie in der Gemeinde gepredigt hatten. Da fiel mir auf, dass es in meiner Erinnerung kaum welche gab. Ich hatte kein Vorbild, an dem ich mich hätte orientieren können. Predigende Frauen waren zwar ganz normal für mich – aber nur auf großen Konferenzen in London oder in den Podcasts, die ich hörte. Ich hatte sie genau vor Augen. Sie waren klug, schön, weise, modisch gekleidet und sprachen Worte direkt aus Gottes Herzen. Doch in den Gemeinden, in denen ich mich aufhielt, hatte ich sie leider äußerst selten zu Gesicht bekommen.

Na gut, dann gab es also erst mal kein modisches Vorbild für die Predigt. Das sollte ja nun das kleinste Problem sein, dachte ich naiv. Ich hatte im Studium gelernt, man solle sich beim Predigen immer ein kleines bisschen besser kleiden als der Durchschnitt der Zuhörer. Das drücke Wertschätzung aus und diese Faustregel ließe sich in jedem Kontext gut anwenden. »Alles klar!«, dachte ich. Ich bügelte meinen schwarzen Jumpsuit. Er kam mir angemessen vor, da er chic und doch schwarz und unauffällig war. Ich wollte mich wohlfühlen und gut aussehen, aber im Vordergrund sollten meine Worte und nicht mein Outfit stehen. Dazu trug ich eine schlichte Kette, meine neuen Ohrringe und Wildlederschuhe mit Absatz, und ich legte noch ein dezentes Make-up auf. Nachdem ich das Bad verlassen hatte, drehten sich meine Gedanken wieder um den Inhalt der Predigt. Ich betete innerlich, dass meine Worte Menschen in Gottes Gegenwart ziehen und ich nicht alles vergessen würde, was ich sagen wollte.

In der Kirche angekommen, ging ich zuerst zur Technik. Dort sollte ich mein Headset bekommen, damit ich die Hände frei hatte. Der freundliche Mitarbeiter am Mischpult reichte mir routiniert das Headset und sagte, ich solle zum Soundcheck noch kurz damit auf die Bühne. Leichter gesagt als getan. Zunächst musste ich das Headset unter meinen langen Haaren befestigen, denn es war ein bisschen zu breit. »Ja, das wurde auf den Kopf des Haupt-pastors angepasst«, wurde ich aufgeklärt. Aha. Na ja, nicht so schlimm. Ich klemmte es hinter meine Ohren und versuchte dann, den kleinen viereckigen Empfänger zu befestigen. Nur wo? Wieder wurde ich aufgeklärt: »Den steckst du einfach in deine hintere Hosentasche.« Und was ist, wenn man keine Ho-sentaschen hat? Wenn man einen durchgehenden, einteiligen Jumpsuit oder ein Kleid trägt, das weder innen noch außen eine Tasche zum Befestigen hat? Letztendlich befestigte ich den Empfänger auf der Toilette an meiner Unter-hose und betete, dass er halten würde. Der Inhalt der Predigt rückte in den Hintergrund. Hauptsache, ich muss nicht während meiner Predigt den Emp-fänger neu befestigen!

Nun ging es auf die Bühne. Soundcheck. Ich begann zu sprechen. Doch meine Worte wurden immer wieder von einem merkwürdigen »Klacken« ge-stört. Der Techniker bemühte sich, das Problem zu beheben. Ohne Erfolg. Bis ich bemerkte, dass meine schönen neuen Ohrringe im Takt meiner Bewegun-gen an das Mikrofon an meiner Wange stießen und das Geräusch erzeugten. Die Ohrringe mussten ab. Schade. Na ja, es gibt Schlimmeres. Zum Beispiel, dass ich mit meinen Schuhen regelmäßig in den Rillen der aneinander gescho-benen Bühnenteile hängenblieb! Nun musste ich beim Predigen also nicht wie jeder andere Prediger auf meine Worte und den Inhalt, den ich vermitteln wollte, achten, sondern als weiblich gekleidete Frau auch noch darauf, mich nicht zu sehr zu bewegen, damit der Empfänger nicht rutschte und meine Schuhe nicht in der Bühne stecken blieben. Ich nahm mir fest vor, mich vor der nächsten Predigt auf diese Dinge besser vorzubereiten! Ich bewegte mich

UNSERE KIRCHEN BRAUCHEN KEINE *Frauen,* DIE FÜR IHRE *Rechte* KÄMPFEN. UNSERE KIRCHEN BRAUCHEN FRAUEN, DIE FÜR *Jesus* KÄMPFEN.

einfach wenig und konzentrierte mich auf meine Worte. Doch über die Zeit rutschte das Mikrofon von meinem Mund immer weiter Richtung Auge. Da das Headset etwas groß war und meine Haare schwer auf dem Rückteil lagen, drückten sie nach einer Weile das Mikrofon nach oben. Etwas irritiert predigte ich die Hälfte der Zeit mit einem Mikrofon in meinem Sichtbereich – aber es ging ja um die Worte, die ich zu sagen hatte, richtig?

Die Predigt lief gut. Ohne große Zwischenfälle. Habe ich schon erwähnt, worüber ich predigte? – Über Frauen in der Bibel. Zum Glück brauchten die damals noch keine Headsets, da predigten alle gleichberechtigt analog. Die guten alten Zeiten!

Über die ganze Geschichte kann ich mittlerweile schmunzeln. Ich hätte mich ja vorher besser über die Gegebenheiten informieren können. Niemand hat es böse gemeint oder mir absichtlich Steine in den Weg gelegt. Und dennoch zeigte mir diese Situation deutlich, dass man auf mich nicht eingestellt war. Alles war auf Männer ausgelegt und es hatte sich nie jemand Gedanken darum gemacht, dass Frauen ein anderes Equipment brauchen. Keiner der Männer hatte bedacht, dass Frauen vielleicht beim Predigen gern Ohrringe und hohe Schuhe tragen. Und keine Frau hatte es ausprobiert, angesprochen und verändert.

In der Theorie war ich gleichberechtigt. In der Theorie predigen in unseren Gemeinden Frauen und Männer. Biblisch sind wir uns, denke ich, einig, dass Älteste auch Frauen sein sollen. Mit dieser Haltung gehört meine Gemeinde zum Glück zu einer der fortschrittlicheren, moderneren Gemeinden. Sie hat es mir in den letzten zehn Jahren ermöglicht, wahnsinnig viel über meine Gabe der Leitung und der Lehre zu lernen! Ich bin dafür aus tiefstem Herzen dankbar. Doch es gibt hier genau wie in vielen anderen Kirchen in unserem Land noch einen weiten Weg zu gehen, um die Theorie in die Praxis umzusetzen.

Und es gibt ja auch noch die anderen Gemeinden. Diejenigen, bei deren Mitgliedern sich schon bei den Worten »Gabe der Leitung und der Lehre« aus dem Mund einer Frau die Nackenhaare aufstellen. Die, in denen gelehrt wird, die Frau solle keine Männer lehren und leiten. Gemeinden, in denen Frauen mit Leitungsbegabung ihre Kinder leiten sollen und in denen sich der Predigtdienst von Frauen auf Kinder und Frauen beschränkt – und auf Menschen beiderlei Geschlechts in anderen Ländern, in denen ledige Frauen als Missionarinnen aktiv werden dürfen. In diesen Kirchen lässt die wortgetreue Auslegung der Bibel den Charakter und das Verhalten von Jesus in vielen Teilen außer Acht.[108] Dann gibt es noch diejenigen, die dazu einfach keine Meinung haben und keine Zeit, sich damit in der Tiefe auseinanderzusetzen. Und die, die aus Angst alles lassen, wie es ist. Es gibt viele bunte Farben in unserer kirchlichen Landschaft, wenn es um das Thema Frauen in Leitungspositionen geht – doch zum Glück sind wir noch nicht am Ende und zum Glück gibt es für jeden Menschen immer wieder einen neuen Anfang und mehr als genug Gnade. Das gilt auch für jede Gemeinde. Doch zu behaupten, dass ein Großteil der Frauen in evangelischen und evangelikalen Gemeinden gleichberechtigt wäre, wäre wohl noch ein bisschen übertrieben. Meiner Meinung nach herrscht hier nach wie vor Handlungsbedarf.

SOLL DIE FRAU SCHWEIGEN?

Der Ursprung eines der Missverständnisse über die Aufgabe von Frauen in Gottesdiensten stammt aus der Feder von Paulus: »Die Frauen sollen in den Gemeindeversammlungen schweigen. Es gehört sich nicht, dass sie sprechen« (1. Korinther 14,34). Viele Jahre wurde auf dieser Grundlage die Frau in der Gemeinde ruhig gestellt. Und einige Jahre wollte das Paulus vielleicht sogar. Denn seine Begründung ist nicht, dass Frauen nicht zum Lehren in der Lage sind – obwohl das leider aufgrund des niedrigen Bildungsstandes vieler Frauen damals sicher zugetroffen hätte. Er argumentiert auch nicht, dass Gott Frauen dazu nicht geschaffen hätte oder dass sein Redeverbot sich auf tendenziell weibliche Eigenschaften wie Emotionalität oder ein starkes Kommunikationsbedürfnis gründet. Der Grund für sein Redeverbot ist die damalige Kultur. Es war innerhalb und außerhalb der Gemeinde schlichtweg normal, dass Frauen nicht sprachen, lehrten oder leiteten. Für die damaligen Leser war es verwunderlicher und auffallender, dass Paulus zuvor in Kapitel 11,2-16 detailliert beschreibt, *wie* Frauen in der Gemeinde beten und prophezeien sollen. Da es sich beim Korintherbrief außerdem um Antworten von Paulus auf Fragen der Korinther handelt, die wir nicht kennen, kann es sogar gut sein, dass das Schweigegebot für Frauen nur für eine ganz bestimmte Situation galt.

Doch viel wichtiger als der wörtliche Inhalt dieses Satzes ist das Prinzip dahinter: Die Rolle der christlichen Frau in Gottes Augen passt sich immer an die jeweilige Kultur an. Sie wurde nie in Stein gemeißelt – sie ist so flexibel und vielfältig, wie Frauen und Kulturen es sind. Werner de Boor schreibt: »Die Gemeinde kann und darf der Frau nicht eine Stellung geben, die sie sonst in der Öffentlichkeit nicht hat und die dem sittlichen Empfinden der Zeit widerspricht. Dann heißt es aber für uns heute: Die Gemeinde Jesu kann und darf der Frau nicht eine Stellung verweigern, die sie sonst in der Öffentlichkeit hat und die dem ganz selbstverständlichen Empfinden der Zeit entspricht! So wie damals die öffentlich redende Frau, so würde heute die zum Schweigen verurteilte Frau eine befremdliche Ausnahme darstellen. (…) Wenn feinste und edelste Frauen von der Parlamentstribüne sprechen, kann die Frau auf der Kanzel nicht auf einmal eine ›Schande‹ sein.«[109] Diese Zeilen schrieb er übrigens in einem Buch, das vor fünfzig Jahren veröffentlicht wurde.

Ein weiterer Bibeltext, der immer wieder für Verwirrung und Unsicherheit sorgt, steht in 1. Timotheus 2,11-13: »Eine Frau soll in der Stille und in aller Unterordnung lernen. Ich erlaube der Frau nicht, zu lehren oder über den Mann zu herrschen; sie soll sich still zurückhalten. Denn Gott schuf zuerst Adam und dann Eva.« Hier wird Frauen nicht nur geboten, im Gottesdienst still zu sein, sondern auch noch einmal explizit erwähnt, dass Frauen nicht Männer lehren sollen. Dabei ist zunächst das gleiche Argument wie im vorherigen Absatz zu beachten: Was Paulus hier schreibt, entspricht der damaligen Kultur. Es war Frauen nicht erlaubt, die Thora überhaupt zu lernen – ganz zu schweigen vom Lehren.[110] So müssen wir wieder feststellen, dass Paulus den Frauen mehr Rechte zuspricht als die Kultur, in der sie leben, denn er fordert sie auf, »in der Stille zu lernen«, und gibt ihnen ein Recht auf Bildung. Doch im Vergleich zur Stelle im Korintherbrief begründet Paulus seine Meinung hier nicht mit der Kultur, sondern mit Gottes Schöpfung, und so scheint es, als würde er ein kulturübergreifendes Prinzip erklären.

Der Theologe Baumert schreibt, diese Stelle sei definitiv »keine Kampfschrift gegen Emanzipation«[111], denn wir müssen etwas weiterlesen und etwas gründlicher übersetzen: »Doch auch die Frau wird gerettet werden, wenn sie Kinder zur Welt bringt und vor allem wenn sie beständig im Glauben und in der Liebe lebt, anständig und verlässlich vor Gott« (1. Timotheus 2,15). Dieser Vers wird meist auf eine von zwei Arten ausgelegt: Die einen meinen, dass die Bedeutung ist, dass die Frau bei der Geburt eines Kindes nicht stirbt. Das widerspricht jedoch dem, was früher und in Entwicklungsländern leider auch heute noch oft die grausame Realität war und ist. Die anderen denken, dass der Vers besagt, dass die Frau durch das Gebären von Kindern gerettet wird – das würde aber der übrigen Bibel und der Rettung »allein durch Glauben« widersprechen. Ein Blick in den Urtext zeigt: Hier muss ein Übersetzungsfehler vorliegen. Eine andere Übersetzungsmöglichkeit ist nämlich: »(Die Frauen) werden durch die Geburt des Kindes gerettet werden« (NLB, Anmerkung zu 2,15a). Mit diesem Kind kann nur Jesus, der Messias, gemeint sein.[112] Paulus nennt somit den Grund für die gefallene Weiblichkeit der Eva, aber auch die Hoffnung auf die erlöste Weiblichkeit. Und wir leben in der Zeit, in der sich diese Hoffnung erfüllt! Jesus war schon da und hat uns erlöst! Gott erwählte eine Frau nach der anderen. Zuerst Tamar, Rahab, Rut und Batseba als

Vorfahren von Jesus, dann Maria, um seinen Sohn zur Welt zu bringen. Danach hatten die Frauen am Grab eine Schlüsselfunktion, die deutlich macht, dass Gott Frauen erwählt und zum Predigen bestimmt: Sie waren die ersten Menschen, die das Evangelium weitersagten. Darauf folgten die Frauen der ersten Gemeinden: Lydia, Priszilla, Drusilla, Berenike, Phöbe, Evodia, Syntyche, Lois und Eunike. Und über die Geschichte unserer Vorfahren und über unsere eigene Zukunft hinaus wird bis zum Beginn der Ewigkeit, die in Offenbarung 12 beschrieben wird, Gottes Heilsgeschichte der Weiblichkeit geschrieben.

Dieses Buch hat nicht genug Seiten, um all die Bibelstellen zu diesem Thema im Detail aufzuschlüsseln und Stellen im Urtext zu übersetzen, doch dies ist ein Konzentrat aus den Antworten, die ich gefunden habe, als ich die Bibel mit ehrlichen Fragen an Gott im Kopf und im Herzen zu diesem Thema studiert habe. Ich habe bewusst versucht, meine Prägungen zur Seite zu legen, habe absichtlich auch Bibelausleger und Theologen gelesen, von denen ich vermutete, dass sie eine Meinung vertreten, die mir nicht sympathisch sein wird. Und meine Seele hat Ruhe zu diesem Thema gefunden. Ich bin mir meiner Berufung und der Bestimmung der Frauen wieder sicher geworden und bin begeistert über einen Gott, der Frauen liebt, erwählt und nicht nur als wertvoll, sondern auch als kompetent einschätzt.

Interview mit
Rebecca Blache

Sarah: Liebe Rebecca, wir kennen uns jetzt schon viele, viele Jahre. Du bist eine bewundernswerte, einfühlsame und authentische Frau, von der man viel lernen kann. Ich freue mich sehr, dass du bereit bist, hier deine Gedanken mit uns zu teilen. Du bist mittlerweile Diakonin in deiner Gemeinde »Hamburg Projekt«. Wie kam es dazu?

Rebecca: Als ich ins Hamburg Projekt gekommen bin, habe ich für mindestens ein Jahr keine Leitungsaufgabe übernommen. Ich hatte aber in meiner vorherigen Gemeinde die Kindergruppe geleitet, was mir ein Herzensanliegen war. Nach einiger Zeit sind mir die Kinder im Hamburg Projekt wichtig geworden, und ich wusste, Gott zeigt mir dadurch meine Aufgabe, die Familien und Kinder darin zu unterstützen, Jesus zu erleben. Als ich dann mitgearbeitet habe, wurden meine Ideen und Vorschläge gerne umgesetzt, und ich habe die Verantwortung für Teilbereiche übernommen. Als die Gruppenleiterin aufhörte, fragte sie mich, ob ich die Leitung übernehmen wollte, und ich sagte liebend gern zu. In der Gemeinde wurden es immer mehr Kinder und immer mehr Gruppen. Im Team waren mir die Zielgedanken und die Struktur besonders wichtig, sodass ich mich viel damit beschäftigt, Bücher darüber gelesen und mich mit anderen beraten habe. Dann haben wir mit den Pastoren gesprochen und begonnen, die Arbeit zu organisieren. Da parallel die Gemeinde neu strukturiert und Bereichsleiter eingesetzt wurden, fragte mich einer der Pastoren, ob ich mir nicht vorstellen könnte, Diakonin für diesen Bereich zu werden, und ich glaube immer noch, das war eine gute Entscheidung!

Sarah: Was empfindest du im Moment als größte Freude und was als größte Herausforderung in deinem Leitungsdienst?

Rebecca: Die größte Freude sind für mich die persönlichen Beziehungen zu den Kindern. Für sie mache ich das eigentlich, und ich finde es total schön, dass sie sich freuen und mir in die Arme laufen, wenn sie mich sehen. Auch die Eltern wenden sich gern an mich, und ich freue mich, dass ich ihnen oft helfen kann. Als Leiterin habe ich mich dafür eingesetzt, dass unsere Kinder in den Gottesdienst integriert werden, und darüber freue ich mich im Moment sehr!

Herausfordernd finde ich es, die unterschiedlichen Persönlichkeitstypen im Team unter einen Hut zu bringen und sie so zu leiten, dass es für alle als Bereicherung empfunden wird. Außerdem ist es mir wichtig, Jesus und nicht die einzelnen, individuellen Wünsche in den Mittelpunkt zu stellen. Persönlich habe ich besonders durch die Leitung gelernt, dass ich in erster Linie Gottes Kind bin und die Beziehung zu ihm wichtiger ist als mein Dienst.

Sarah: Du bist in einer Gemeinde aufgewachsen, in der Frauen lange Zeit nichts zum Gottesdienst beitragen durften und auch keine Leitungspositionen wie Älteste oder Predigerinnen innehatten. Kannst du dich erinnern, was das als Kind und Jugendliche mit deinem Rollenbild gemacht hat?

Rebecca: Ich persönlich habe nicht das Gefühl, dass mich das negativ geprägt hat. Dass es jetzt keine Frauen in der Gemeindeleitung gibt, finde ich gar nicht schlecht. Aber mir war es schon immer wichtig, Kindern zu helfen, die Bibel zu verstehen. Mich hat das schon als Kind beschäftigt und ich habe damals mit der Gemeindeleitung darüber gesprochen. Mir wurde dabei zugehört, doch es hat keine Veränderung stattgefunden – was mich umso mehr motiviert hat, es später selbst zu machen. Darin wurde ich immer bestärkt und ermutigt. Gestört haben mich allerdings die grundsätzlich schlechten Leitungsstrukturen und dass Frauen immer nur indirekt über ihre Männer mitleiten durften. Als Kind habe ich dann für mich festgehalten, dass dominante Frauen schlecht sind und ich so nie werden möchte. Mein Rollenbild hat wahrscheinlich mehr meine Familie als meine Gemeinde geprägt. Bei uns zu Hause hatte der Mann das Sagen, und meine Mutter ist eher eine kommunikative, mütterliche, emotionale, fürsorgliche und gastfreundliche Frau. Ich bin im Gegensatz zu ihr etwas praktischer und sachlicher veranlagt und habe gerne Fußball gespielt, mehr wie mein Vater. So hatte ich in dieser Hinsicht kein richtiges Vorbild für mich persönlich. Das hat dazu geführt, dass ich mich als Frau häufig nicht so »richtig« gefühlt habe. Ich dachte, ich sollte in mancher Hinsicht lieber ein Junge sein, das würde besser zu mir passen.

Sarah: Hattest du weibliche Leiterinnen, die Vorbilder für dich waren?

Rebecca: Meine Grundschullehrerin war mir als Kind ein großes Vorbild. Das war eine Frau, die liebevoll alles im Griff hatte und das richtig gut gemacht hat. Ich dachte als Kind immer unterbewusst, dass ich auch mal so werden wollte. Meine Sportlehrerin war sehr fordernd, aber sie kannte jeden ganz genau und hat mich sehr ermutigt und gefördert. Später habe ich mich mit allen Fragen gern an meine Hauskreisleiterin gewendet, die mich theologisch und geistlich sehr geprägt hat. Das war eine sehr wichtige Zeit.

Sarah: Wann hast du entdeckt, dass du eine Begabung hast, Menschen zu leiten? Und was hat das in dir ausgelöst?

Rebecca: Ich war irgendwie schon immer gern die Bestimmerin. Das wurde mir aber nie als positiv gespiegelt. Ich solle mich ein bisschen mehr anpassen und nicht immer nur meine Ideen durchsetzen, habe ich oft gehört. Selbstbewusst hat mich gemacht, dass ich

gemerkt habe, dass ich meine Ideen eigentlich oft verwirklichen konnte und wusste, wie ich sie umsetzen
muss. Als ich die Kindergruppe geleitet habe, wurde
ich ganz stark ermutigt zu tun, was ich auf dem Herzen
hatte, und das hat mich sehr bestätigt. Später habe ich
dann in einem Seminar mal einen Gabentest gemacht,
der ergab, dass ich ein Leitungsprofil habe, womit ich
mich gut identifizieren konnte.

*Sarah: Gibt es Dinge, die dir besonders als leitende
Frau wichtig geworden sind?*

Rebecca: Ich sehe viele Männer in unserer Gesellschaft,
die tendenziell viel Verantwortung den Frauen überlassen und in ihrer Passivität ihr Potenzial nicht ausschöpfen. Ich möchte deshalb auch besonders Männer ermutigen, Verantwortung zu übernehmen. Wenn
ich mit Männern zusammenarbeite, versuche ich bewusst, ihnen Freiraum für Entscheidungen zu geben,
auch wenn das bedeutet, mich selbst zurückzunehmen.
Ich möchte Männern mit Respekt und Anerkennung
begegnen und meinen Teil dazu beitragen, dass sie gute
Leiter sein können. Es ist mir besonders wichtig gewor-

den, alle Teammitglieder zu ermutigen und sie in ihren Fähigkeiten und als Person zu bestärken.

Sarah: Gibt es etwas, was du heute gern der Rebecca von vor zwanzig Jahren sagen würdest, wenn du könntest?

Rebecca: Ich würde ihr sagen: Es ist toll, eine Frau zu sein! Du bist wunderbar gemacht, geliebt und genau richtig. Du musst dich nicht beweisen und darfst einfach Gottes Kind sein. Du darfst aus Liebe etwas bewegen, aber musst nicht um Anerkennung kämpfen.

Sarah: Vielen Dank!

DIE AUSREDE DER UNTERSCHIEDE

Ich frage mich nun, nachdem ich gemerkt habe, dass die Bibel dazu klar ist, wie ich damit umgehen soll, dass ich diese – auch für andere klar sichtbare – Begabung habe, Menschen zu lehren und zu leiten. Mit welcher Begründung soll ich laut einiger Gemeindeauffassungen nur Frauen und Kinder und keine Männer leiten? Oder mal ganz provokant: Ist es weniger gefährlich, die minderwertigen Frauen und unwichtigen Kinder mit den minderwertigen Worten einer weiblichen Predigerin zu prägen? Jaja, ich weiß, es geht dabei nicht um Wertung. Nur um Unterschiede. »Gott hat Männern und Frauen eben unterschiedliche Aufgaben zugedacht.« Wirklich? Hat nicht das Anvertrauen von Verantwortung immer etwas mit einer Wertung zu tun? Ist es nicht so, dass Verantwortung und Entscheidungsgewalt diejenigen haben, deren Meinung und Einsatz viel wert sind?

Ich halte es für einen Beschwichtigungsversuch, zu sagen, Frauen dürften nicht leiten und lehren und seien dennoch gleichwertig. Das ist, als würde man sagen, ein Gefängnisinsasse und ein Nomade hätten die gleichen Menschenrechte. In der Theorie haben sie diese. Doch der eine kann sie ausüben, er tut, was er will, und der andere ist eingesperrt. Von der Theorie kann der Gefangene sich keine Freiheit kaufen. Und wir Frauen uns auch nicht.

Könnte man mit der Argumentation, dass unterschiedliche Rechte nicht unterschiedliche Wertigkeit bedeuten, heute noch Schwarze als Sklaven halten? Könnten wir sagen: »Wir sind ja offensichtlich unterschiedlich und haben halt unterschiedliche Begabungen und von Gott gegebene Aufgaben, aber das hat nichts mit einer Wertung zu tun«? Schließlich sagt Paulus sozusagen in einem Atemzug: »Ihr Frauen, ordnet euch euren Männern unter« (Kolosser 3,18) und »Ihr Sklaven, gehorcht euren weltlichen Herren in allem, was ihr tut« (Kolosser 3,22). Kein einziges Mal äußert sich Jesus ausdrücklich gegen Sklavenhaltung. Die ungerechte Behandlung von Frauen war zur Zeit von Jesus genauso normal wie die Haltung und der Handel mit Sklaven. Man hätte also als Christ nie etwas an der Situation der Sklaven ändern müssen. Oder doch?

Es waren überzeugte Christen wie Wilberforce und Martin Luther King, die verstanden hatten, wie sehr Gott jeden Menschen liebt und dass Liebe auch Gleichberechtigung bedeutet. Die Überzeugung, dass der Handel mit Sklaven und die Benachteiligung von Schwarzen ein Unrecht ist, für das sie bereit waren, ihr Leben zu geben, zogen sie direkt und ohne Umwege aus ihrer Beziehung zu Gott. Sie waren es, die den Sklavenhandel und die Rassentrennung beendeten. Heute bezeichnen selbst die konservativsten Christen diese Menschen als Vorbilder und Helden. Wir schmücken uns mit ihrem Einsatz, während die meisten Christen ihrer Zeit sich gegen sie und ihre Bewegungen ausgesprochen hatten. Rückblickend fällt es oft leichter, sich einer Revolution anzuschließen. Doch weil die Veränderung einen Preis kostet, bleibt es den Mutigen überlassen, den Unterschied zu machen. Uns also.

Jesus hat sich nicht gegen Sklavenhaltung oder die ungerechte Behandlung von Frauen ausgesprochen. Jesus war kein Politiker – seine Revolution ist für uns heute oft auf den ersten Blick unsichtbar. Auf den zweiten Blick wird sie dafür umso deutlicher. Glasklar. Denn er war es, der Minderheiten eine Stimme gegeben hat. Viel mehr als eine Stimme eigentlich: Er gab den

Minderheiten Liebe. Er kam nicht, um eine politische Revolte zu starten. Er kam, um die Weiblichkeit (und die Männlichkeit) zu erlösen. Um den Fluch aufzuheben und himmlische Zustände möglich zu machen. In einer Zeit und Kultur, in der Frauen bei Volkszählungen[113] nicht einmal gezählt wurden, in der sie nicht zur Schule gehen durften und in der Juden in der Synagoge öffentlich beteten: »Danke Gott, dass ich kein Sklave, kein Hund und keine Frau bin«, wurde Jesus der Freund der Frauen. Jesus war der Rabbi, der weibliche Nachfolger hatte, und damit hat er sich bei seinen Gegnern nicht beliebt gemacht. Frauen gehörten ganz selbstverständlich zu seinem engsten Kreis. Er nannte sie beim Namen, verbrachte Zeit mit ihnen, ließ sich von ihrem Gewinn finanziell unterstützen[114], kümmerte sich um sie, heilte sie, sah ihnen in die Augen und verteidigte sie öffentlich. Für mich spricht dieses Verhalten eine eindeutige Sprache. Jesus war revolutionär für Gleichberechtigung. Die Gesellschaft war nicht unsere heutige, aber er führte die Menschen einen Schritt weiter in Richtung eines wertschätzenden und fairen Umgangs mit Frauen. Fragt man sich mit John Ortberg[115], in welche Richtung das Verhalten von Jesus die damalige Kultur verändern wollte, dann ist die Antwort recht deutlich. Sarah Bessey schreibt, dass Jesus sie zur Feministin machte.[116] Das Studium seines Lebens, seiner Überzeugungen, seiner Worte und seines Verhaltens habe sie dazu gedrängt, sich mehr für Frauen einzusetzen. Wie damals, als starke gläubige Frauen in der Abstinenzbewegung, der Bewegung der Stimmrechtler für das Wahlrecht der Frauen und den Bewegungen gegen Sklavenhandel und -haltung aufstanden.[117] Die Bibel, die Geschichte und das

Leben von Jesus selbst sprechen eine klare Sprache: Jesus war ein Feminist, das heißt ein Mann, der sich für Frauenrechte einsetzte. Er ist nicht der, der die Rechte von Frauen mindert, sondern der Gott, der Frauen stärkt. An alle, die jetzt schon tief einatmen, um zu einem Aber anzusetzen: Das bedeutet nicht, dass Jesus (oder ich) alle Anliegen im Dunstkreis heutiger Feministen befürworten würde. Aber Jesus ist für Frauenrechte. Radikal zu seiner Zeit und heute. Also können wir mal kurz unsere Angst vor diesem Wort zur Seite legen und ihn für drei Minuten einen Feministen nennen.

Es gibt Unterschiede, die einfach wertfrei eine Andersartigkeit beschreiben. Zum Beispiel, ob jemand blonde oder braune Haare oder schwarze oder weiße Haut hat. Ob jemand Spaghetti lieber mit Tomatensoße oder mit Gorgonzola isst. Auch der Unterschied Mann oder Frau ist zunächst einmal wertfrei. Doch sobald diesen Unterschieden unterschiedliche Rechte zugesprochen werden, ist die Unterscheidung eben nicht mehr wertfrei. Daher halte ich die Aussage, Frauen dürften in Gemeinden nicht lehren und leiten, weil sie von Gott für andere Dinge geschaffen sind, für eine Ausrede, die unglaubwürdig ist. Gott hat Frauen nicht für weniger Rechte, als Männer sie haben geschaffen. Ja, wir sind tatsächlich anders als Männer, deshalb braucht die Kirche unsere Stimmen. Die Kirche braucht diese Vielfalt, Gott selbst hat sie geschaffen. Und für nicht weniger als das hat uns Jesus erlöst, damit wir trotz unserer Unterschiede als Männer und Frauen Seite an Seite nebeneinander leiten und lehren können.

DINGE, DIE NUR CHRISTLICHE FRAUEN HÖREN

Bill Hybels bekam einmal auf einer Konferenz einen Zettel in die Hand gedrückt, auf dem stand: »Hilfe, ich bin ein Leiter, gefangen im Körper einer Frau!«[118] Es klingt absurd, doch so fühlen sich viele Frauen mit einer Lehr- und Leitungsbegabung. Wir bemerken irgendwann das Potenzial in uns, wir spüren die Kraft, die aus uns heraussprudeln will, doch wir scheinen im falschen Körper zu stecken. Unser Umfeld vermittelt uns durch Worte und Taten, dass irgendetwas mit uns nicht so ist, wie es sein müsste. Deshalb bleiben so viele unserer Talente und Begabungen ein Leben lang in den vermeintlich biblischen Vorurteilen unserer Gemeinden gefangen. Was für ein Verlust für diese Welt, die doch so sehr eine gesunde Gemeinde braucht! John Ortberg sagt: »Eine Gemeinde, die sich auf den Weg in die Zukunft macht, dabei aber die Hälfte ihrer Mitglieder auf der Ersatzbank sitzen lässt, ähnelt einer Armee, die in die Schlacht zieht, dabei aber ihren Soldaten eine Hand auf dem Rücken festbindet.«[119] Wie recht er hat! Nicht nur die Frauen, die ihre Begabung nicht einsetzen, leiden unter dieser Situation, sondern auch diejenigen, die zwar selbst keine Leiterinnen oder Predigerinnen sind, aber sich nach weiblichen Zugängen zu Gottes Wort und Vorbildern sehnen. Auch die Männer, denen zu viel Verantwortung auf den Schultern lastet, weil ihr Verständnis der Bibel ihnen nicht erlaubt, sich von Frauen entlasten zu lassen, leiden. Gottes Mission leidet. Seine Kirche krankt. Es gibt so viel zu tun, so viele Menschen zu retten, so viel Not zu lindern. Wie können wir glauben, dass die Männer das allein schaffen müssen? Vor einigen Jahren lernte ich eine wunderschöne, begabte und liebevolle Frau um die fünfzig kennen, nennen wir sie Amelia. Ihr Herz war bewegt für Menschen, sie war bereit, ihr Leben, ihren Komfort und ihren Beruf ganz in Gottes Dienst zu stellen und von jetzt an mit allem, was sie hatte, für ihn zu leben. Sie kam an ihre Grenzen, lernte über die Maßen zu lieben, zu beten, zu predigen und zu helfen. In ihrem Theologiestudium lernte sie ihren Mann kennen, heiratete. Nach ihrem Studium kamen sie in ihre erste Gemeinde mit der Erwartung, nun als gleichberechtigtes Pastorenpaar ihren Dienst anzutreten. Doch nach einiger Zeit wurde Amelia gebeten, die Sitzungen der Ältesten nicht mehr zu besuchen. Auch predigen sollte sie plötzlich nicht mehr. Die Gemeindeleitung hatte eine ganz neue Offenbarung von biblischer Weiblichkeit entdeckt und nun wurde Amelia auf die Ersatzbank gesetzt. Sie berichtete mir von einem Gespräch mit einem der Gemeindeleiter. Er fragte sie, warum sie nicht einfach etwas anderes tun würde. Es gäbe doch so viele tolle Dinge, die sie unabhängig vom Leiten und Lehren tun könne. Der Mann war Arzt, und so fragte sie ihn, was er davon halten würde, wenn sein Arbeitgeber ihm plötzlich seinen Doktortitel aberkennen würde. Nicht etwa, weil er ein schlechter Arzt wäre, sondern einfach, weil er als Mann auf die Welt gekommen ist.

Amelia ist kein Einzelfall. Vor einiger Zeit sorgte die Verbreitung eines Hashtags mit den Worten #thingsonlychristianwomenhear (Dinge, die nur christliche Frauen zu hören bekommen) für Aufsehen. Frauen teilten über soziale Medien Erfahrungen und Verletzungen, die sie in Gemeinden gesammelt hatten. Natürlich ist das ein sehr negativer Ansatz, das ist nicht schön und unterhaltsam und es wirft kein gutes Bild auf unsere Kirchen. Ich hätte es wahrscheinlich nicht initiiert, aber beim Lesen bricht es mein Herz.

Hier einige der Beiträge:[120]

»Du kannst Frauen und Kinder lehren. Nur Männer nicht.«
Charlie Grantham

»Du bist eine großartige Leiterin! Du wärst eine tolle Pastorenfrau!«
Sarah Bessey

»Frauen sind zu emotional, um Leiter und Pastoren zu sein. Das würde niemals funktionieren.«
Jesse Harp

»Okay, du kannst das predigen, aber es muss ein männlicher Leiter im Raum sein. Wir werden jemanden schicken.«
Sandy

»Frauen können Bücher über Theologie schreiben, aber sie dürfen nicht lehren.«
Scott Lencke

»Du darfst predigen, aber wir werden die Gemeinde wissen lassen, dass die Ältesten deine Rede geprüft und für okay befunden haben.«
Scott Lencke

»*Biblische Weiblichkeit wird durch Ehe und Mutterschaft definiert.*«
Joy Beth Smith

»*Wir haben weibliche Leiter, sie sind eigentlich wie Pastoren (nur ohne den Titel und die Autorität).*«
Shannon Anderson

»*Ich meine, ihr (Frauen) habt die Fähigkeit, Leben zu schenken und Kinder zu versorgen. Ist das nicht genug?*«
Cyndie Eggers

»*Wenn es keine andere Option fürs Leiten und Predigen gibt, dann ist eine Frau besser als niemand.*«
Churchhill

»*Ich respektiere Frauen, die Karriere machen, total, solange es nicht in der Kirche ist!*«
Kelly

»Du hast eine unglaubliche Leitungsbegabung … es ist zu schade, dass du nicht als Mann geboren wurdest.«
Bekah Evans

Neben diesen Worten hat mich beim ersten Lesen noch etwas anderes erschreckt: Ich war gar nicht so schockiert, wie es angemessen wäre. Ich habe mich so sehr an diese Meinungen gewöhnt, solche lieblosen und überheblichen Kommentare schon so oft gehört, dass ich manchmal gar nicht mehr merke, wie verrückt das eigentlich ist!

Ich bin als Kind in einer Gemeinde aufgewachsen, in der Männer und Frauen im Gottesdienst getrennt saßen. Den ganzen Gottesdienst über hörte man nur Männer sprechen. Sie predigten, sagten Neuigkeiten an, verkündeten Familienzuwachs, erklärten, welches Lied als Nächstes gesungen würde, spielten die Instrumente dazu und beteten. »Die Frau schweige in der Gemeindeversammlung« wurde dort sehr wörtlich genommen. Als ich Teenager wurde, kam langsam und gleichzeitig ungestüm die Leiterin in mir hervor. Es gab kein Programm für Jugendliche, also wollte ich eins schaffen. Zusammen mit einem Team riefen wir eine Jugendgruppe ins Leben. Wir trafen uns, um Jesus kennenzulernen, doch schon bald schlossen wir uns in unserer Unzufriedenheit zusammen und stellten die Gemeindeleitung vor die Wahl: Entweder hier ändert sich etwas oder wir werden die Gemeinde verlassen. Ich weiß noch, wie ich mit all meiner verzweifelten jugendlichen Leidenschaft auf die Gemeindeleitung einredete. Ich wollte nicht gehen, ich wollte Veränderung! Ich erinnere mich an meine Wut und an meinen Wunsch nach Freiheit! Und ich erinnere mich an ihre unberührten Blicke, an ihre steife Haltung und ihre Kompromisslosigkeit. Ich durfte ausreden und alle meine Argumente vorbringen – doch ich bekam keine Antwort. Es fühlte sich für mich so an, als wäre ich es nicht wert, dass man sich mit mir auseinandersetzte. Ich war nur eine junge Frau. Diese Kälte ließ mich die Gemeinde und Gott vorerst verlassen. Ich ging. Ins Nirgendwo.

Irgendwann kam ich zurück. Nicht zu einer Gemeinde, sondern zu Jesus. Und dann fand ich eine großartige Gemeinde. Über die Jahre versöhnte ich mich mit diesem Teil meiner Vergangenheit. Ich sehe die Menschen, die mich damals so verletzten, nun im Licht des Mitgefühls und der Gnade. Ich weiß heute, dass ich vieles sehr persönlich genommen habe und in vielen Punkten jung und ungeduldig und sicher nicht immer freundlich und liebevoll war. Und ich weiß, dass alle Beteiligten das Beste wollten. Für diese Vergebung und den Frieden, den ich dadurch habe, bin ich sehr dankbar. Solche Herzensveränderung kann nur Jesus schenken. Doch ich merke beim Lesen dieser Aussagen, dass meine Toleranz nicht zu Gleichgültigkeit werden darf. Meine heutige theologische Aufgeschlossenheit darf nicht das Unrecht entschuldigen. Ich möchte mich nicht daran gewöhnen, dass Frauen entgegen ihrer Würde und ihrer Bestimmung behandelt werden, egal wie normal das für viele von uns sein mag. Deshalb schreibe ich dieses Buch. Für uns alle, die wir das wieder und wieder hören müssen. Und vielleicht am meisten für mich.

Vor einiger Zeit fragte mich ein junger Mann aus unserer Gemeinde, was ich denn darüber denke, dass es bei uns in der Gemeinde keine weiblichen Ältesten und Pastorinnen gibt und ob es nicht vielleicht tatsächlich etwas damit zu tun habe, dass Frauen tendenziell emotionaler und weniger rational sind. Diese Eigenschaften bräuchte man doch als Leiter, oder?

Aus seinem Mund machte mich diese Frage nicht wütend. Nur traurig. Denn ich wusste, er meinte es ernst. Und er meinte es nicht böse. Er hat nur nie etwas anderes dazu gehört. Ich erwiderte so geduldig und deutlich, wie ich konnte, dass ich anderer Meinung war. Einige Frauen – ich zum Beispiel – leiten zwar emotionaler, aber ich finde das gut so. Ich weiß, dass meine Emotionalität Menschen begeistern und motivieren kann. Ich kann mit meinen Tränen Türen zu Herzen öffnen, die lange verschlossen waren. Wer sagt denn, dass Menschen nicht emotional geleitet werden dürfen? Das Problem ist, dass alle Leiter, die wir kennen, männlich und rational sind. Unser Leitungsverständnis ist sehr durch männliche Eigenschaften geprägt, da die meisten Leiter Männer sind. Ich bin überzeugt, dass weibliche Leitung zwar anders ist, doch ebenso wertvoll.

Der junge Mann fragte mich einige Wochen später, wie es denn mit meinem Buch (er meinte dieses) laufe und sagte, dass er es auf jeden Fall lesen würde. Meine Gedanken hätten ihn inspiriert.

Solche Gespräche machen mich sicher, dass wir unsere Kirchen neu prägen können. Wir können frei sagen, was wir glauben, und Leitung und Predigtdienst durch ganz neue Aspekte bereichern. Doch das wird nur passieren, wenn wir die Ungerechtigkeit beim Namen nennen. Es gibt tatsächlich Dinge, die nur christliche Frauen hören. Doch es gibt genau aus diesem Grund auch Dinge, die nur christliche Frauen sagen können. Der

Satz heißt nicht: Frauen sollen leiten. Punkt. Er heißt auch nicht: Frauen dürfen nicht leiten. Punkt. Er heißt: Frauen dürfen tun, (Komma) wozu Gott sie geschaffen hat. Nur wir können unsere Stimme erheben. Wir müssen es sogar, denn niemand wird es für uns tun.

Eins noch zum Schluss: Ich äußere mich in diesem Buch und besonders in diesem Kapitel hin und wieder kritisch gegenüber einzelnen oder vielen Kirchen und Gemeinden. Ich tue dies nicht, um die Kirche in ein negatives Licht zu stellen oder um irgendeinem Leser die Kirche zu verderben. Ich bin der Meinung, die Kirche ist der beste Ort auf Erden. Sie ist ein Zuhause, wo man heilen, wachsen, lieben und geborgen sein kann. Sie ist mein Zuhause. Doch sie ist nicht perfekt. Wie in jeder Familie gibt es auch in der Kirche Dinge, die noch nicht rundlaufen. Aber wenn wir einer Realität nicht ins Auge sehen, können wir sie nicht verändern. Wenn du dieses Buch liest und dich als Reaktion darauf von der Kirche entfernen möchtest, möchte ich dir sagen: Bitte nicht! Dieses Buch soll dich nur motivieren, deine Kirche mehr zu der Kirche zu machen, die Jesus sich vorstellt! Wer wird diese Veränderung leben, wenn nicht du?

Allerdings gibt es Gemeinden, die keinerlei Änderung zulassen und in denen sehr ungesunde Machtstrukturen herrschen. Wenn dich das kaputt macht, dann denk daran: Du hast die Freiheit, dir eine Gemeinde zu suchen, in der du wieder aufblühen kannst.

VON DER THEORIE ZUR PRAXIS

Zum Glück ist die Mehrzahl der deutschen Gemeinden grundsätzlich der Überzeugung, dass Frauen im Predigt- und Leitungsdienst herzlich willkommen sind. In der Theorie. Doris Lindsay schreibt dazu:

Eine etwas bizarre Realität ist, dass es immer noch sehr wenige Frauen in Leitungspositionen in den christlichen Gemeinden gibt, obwohl die Gemeinden aus mehr als 50 Prozent Frauen bestehen. In den Leitungsgremien prägen mehrheitlich Männer. Auf den Kanzeln sprechen mehrheitlich Männer. Man kann sich darüber streiten – oder sich verteidigen, warum dies so ist oder dass es nicht so ist. Auch die modernen Gemeinden, die vehement beteuern, dass sie Frauen gleichberechtigt fördern, würden vor Scham erröten, wenn sie ehrlich genug wären, ihre Predigt-Statistik unter die Lupe zu nehmen. Nein, ich bin nicht für die Frauenquote! Ich bin keine Kämpferin für mehr Rechte der Frauen und habe dies auch nicht auf meiner Agenda. Ich bin schlichtweg eine Frau, die sich mit dem Potenzial der Menschen befasst und sich wünscht, dass die Gaben, die Gott den Menschen schenkt, zur vollen Entfaltung kommen. Und wenn man beobachtet, dann fällt einem auf, dass irgendetwas mit unseren Kirchen nicht stimmt. Sollte nicht die Gemeinde das Vorbild und der Trendsetter sein, bei dem Menschen gefördert werden und ihren Platz finden? Und dies nicht nur in der Sonntagsschule, in Kleingruppen, im Worshipteam oder in abgeschlossenen Frauengruppen?[121]

Ja, das sollte sie! Es wird Zeit, dass unsere Kirchen einen Schritt weiter von der Theorie in die Praxis gehen. Was es dazu braucht, sind mutige Frauen, die freundlich widersprechen und mit liebevollem Selbstbewusstsein und guten Argumenten weibliche Leitung in ihre Gemeinden bringen.

Meiner Ansicht nach geht das auf zwei Wegen. Der erste ist das Vorleben. Hier geht es darum, einfach loszulegen, anstatt die nicht zufriedenstellenden Gegebenheiten zu bejammern. »Start somewhere«, schreibt Ruth vom Blog GraceLaced[122] immer. »Fang einfach irgendwo an!« Von der Theorie in die Praxis kommt man nur durch Praxis. Leiterinnen sind außerdem nicht in erster Linie diejenigen, die über viele Menschen entscheiden, sondern die, denen viele Menschen freiwillig folgen. Eine gute Leiterin überzeugt Menschen durch ihren Lifestyle, durch ihre Ausstrahlung, durch ihre Entscheidungen, ihre Worte – lange bevor sie auf einer Bühne steht. Die Menschen und Mädchen in unseren Gemeinden brauchen diese Vorbilder. Es bringt nicht viel, darüber zu sprechen, was sich alles verändern sollte. Wir dürfen die Veränderung sein! Deine Gemeinde braucht weibliche Vorbilder? Sei eins! Deine Gemeinde braucht Frauen, die etwas zu sagen haben? Sag etwas! Deine Gemeinde braucht Frauen, die Verantwortung tragen? Übernimm Verantwortung!

Der zweite, darauf folgende Schritt ist das Sprechen. Franz von Assisi sagt: »Verkünde das Evangelium – wenn es sein muss, mit Worten.« Es kommt der Zeitpunkt, da reicht das reine Vorleben nicht aus. Da brauchen wir Worte. Und wir haben Worte. Wir haben *das* Wort – die Bibel, die Grundlage für eine Argumentation. Da dies nicht in erster Linie ein theologisches Buch ist, reißt es Argumente oft nur an, aber in der Literaturliste am Ende findet sich eine Liste an empfehlenswerten Büchern, um tiefer in das Thema einzusteigen.

Wir dürfen unseren Einfluss nicht unterschätzen. Und wir müssen uns bewusst machen, dass wahrscheinlich niemand der Ältesten oder Pastoren eines Morgens aufwachen und denken wird: »Oh, ich glaube, die Frauen in meiner Gemeinde könnten sich benachteiligt fühlen. Wir sollten etwas dagegen unternehmen!« Es wird sich niemand dieses Themas annehmen, wenn wir uns nicht zu ihnen an den Tisch setzen und es ansprechen.

Das muss keine große Kampagne sein, wir sollten dafür auch nicht in den innergemeindlichen Krieg ziehen. Aber wir sollten unsere Stimme immer wieder deutlich einbringen. Denn es gibt Dinge, die können nur christliche Frauen sagen.

Ich möchte einen ersten Schritt machen und mich mit ein paar Worten an Gemeindeleiter richten:

Lieber Gemeindeleiter,

ich bin dir so dankbar für deinen Einsatz! Danke, dass du dich dieser Herausforderung, eine Kirche in einer so komplexen Welt zu leiten, stellst. Ich weiß, du hast viele To-dos und unzählige Entscheidungen zu treffen, und nun komme ich mit einem weiteren Thema. Doch hör mich bitte kurz an – dieses Thema hat das Potenzial, deiner Gemeinde einen doppelten Einfluss zu verleihen. Wäre das nicht großartig?

Vermutlich bist du, wie 99 Prozent aller evangelikalen Pastoren, ein Mann. Und höchstwahrscheinlich hast du gar nichts gegen Frauen. Du freust dich, dass sie in deiner Gemeinde sind, weißt sie zu schätzen und findest, sie ergänzen euch Männer wunderbar. Bestimmt gibt es vereinzelt immer wieder Frauen in deinen Teams oder als Teamleiter. Doch ich bin sicher, es gibt in deiner Gemeinde jede Menge ungenutztes weibliches Potenzial!

Studien haben ergeben, dass Frauen gefragt werden wollen, wenn es darum geht, neue Positionen einzunehmen und mehr Verantwortung zu tragen. Sie werden sich vermutlich nicht wie viele Männer von sich aus melden – du als Leiter darfst es ihnen anbieten. Sei dir dabei sicher, sie sitzen schon in den Startlöchern. Sie werden die Teams mit fachlicher Kompetenz, die Predigten mit Leidenschaft und die Leitung mit Einfühlungsvermögen und emotionaler Intelligenz und Sozialkompetenz bereichern. Deine Verantwortung ist nur, sie zu fragen: »Wie geht es dir als Frau in unserer Gemeinde? Wie kann ich dich in deiner Begabung fördern? Wo würdest du gern Verantwortung übernehmen?«

Und dann gib diesen Frauen die Möglichkeit, Einfluss auf die Gemeinde zu nehmen und ihre Begabung einzusetzen. Vielleicht setzt du sie mit einer Position und einem Titel öffentlich ein? Damit würdest du ein Zeichen setzen, dich ganz öffentlich hinter sie stellen und sie für den Dienst freisetzen. Du wirst staunen, was in ihnen steckt!

Ich bete, dass du erleben wirst, wie deine Gemeinde ihr von Gott gegebenes Potenzial entfaltet!

Deine Sarah Keshtkaran

DURCH LIEBE BEWEGT

Eigentlich wäre jetzt fast alles gesagt. Also von meiner Seite. Natürlich ist das Thema Frauen in Leitungspositionen längst nicht erschöpft, nicht ansatzweise. Aber dies hier ist ja nur mein persönlicher Beitrag zur Debatte. Deshalb möchte ich dieses Kapitel nicht beenden, ohne noch einmal den Finger auf unser Herz zu legen. Besonders bei denen unter uns, die sich zum Leiten und Lehren berufen fühlen.

Ich habe dazu ein paar Fragen. An mein Herz. Und an deins. Es hört keiner zu. Wir können ganz ehrlich sein. Es verurteilt uns niemand. Ich frage mich: Warum will ich eigentlich leiten? Denke ich bei dem Gedanken ans Predigen an mich auf der Bühne und die Komplimente und Fotos hinterher oder an die veränderten Menschenleben? Habe ich bei dem Gedanken an mich als Leiterin die Privilegien und das Ansehen der Menschen vor Augen oder die Menschen, denen ich mit meiner Leitungsfunktion diene? Fließt meine Kraft aus einem Bewusstsein, dass es so fair und richtig ist, oder aus meiner Hingabe zu Jesus? Will ich mir oder Gott mit meinem Leben die Ehre geben?

Ich selbst ertappe mich oft dabei, Dinge aus Prinzip zu wollen und zu machen. Ich will als Frau predigen, damit es fair ist. Weil es richtig ist. Und wenn ich mich erst einmal in so eine Überzeugung verbissen habe, dann gehe ich mit dem Kopf durch die Wand. Ich will predigen, weil ich es kann – genau wie die Männer. Ich möchte mit bei den Ältesten sitzen, weil ich nicht weniger wert sein will als sie. Ich möchte Gerechtigkeit. Und ich möchte einen Unterschied machen. Wir können über die Rechte und Begabungen von Frauen Bücher schreiben, Predigten halten, Sitzungen führen und Revolutionen starten. Und vielleicht erreichen wir sogar unser Ziel. Wir können aus eigener Kraft scheinbar jede Menge bewegen. Aber wenn es uns dabei nur um uns selbst geht, müssen wir uns eingestehen, dass es nur *unser* Ziel ist. Es ist nicht das Ziel von Jesus. Denn seine Frage ist am Ende aller Tage, ob es aus Liebe geschah. Nicht wie viel wir bewegen, nicht die Menge der Entscheidungen, die wir beeinflussen, nicht die Häufigkeit unseres Predigtdienstes, nicht einmal der Kampf für die Rechte von anderen benachteiligten Frauen wird uns die Anerkennung von Jesus bringen. Ihn interessiert nur, ob es aus Liebe geschieht. Und wenn nicht, mag das, was wir erreichen, für uns wie eine Trophäe wirken. Doch für ihn ist es nicht mehr als ein dröhnender Gong.

(Wenn ich in den Sprachen der Welt oder mit Engelszungen reden könnte, aber keine Liebe hätte, wäre mein Reden nur sinnloser Lärm wie ein dröhnender Gong oder eine klingende Schelle. Wenn ich die Gabe der Prophetie hätte und wüsste alle Geheimnisse und hätte jede Erkenntnis und wenn ich einen Glauben hätte, der Berge versetzen könnte, aber keine Liebe hätte, so wäre ich nichts. Wenn ich alles, was ich besitze, den Armen geben und sogar meinen Körper opfern würde, damit ich geehrt würde, aber keine Liebe hätte, wäre alles wertlos.)

Die Liebe ist geduldig und freundlich. Sie ist nicht neidisch oder überheblich, stolz oder anstößig. Die Liebe ist nicht selbstsüchtig. Sie lässt sich nicht reizen, und wenn man ihr Böses tut, trägt sie es nicht nach. Sie freut sich niemals über Ungerechtigkeit, sondern sie freut sich immer an der Wahrheit. Die Liebe erträgt alles, verliert nie den Glauben, bewahrt stets die Hoffnung und bleibt bestehen, was auch geschieht.

1. Korinther 13,1-7

Was motiviert uns? Unser Hang zur Rechthaberei? Unser Gerechtigkeitssinn? Unser Stolz? Unser Minderwertigkeitsgefühl? Unser Wunsch, etwas Besonderes zu sein? Unser Hunger nach Ansehen und Lob? Lasst uns ganz ehrlich miteinander sein: Solche Frauen brauchen unsere Kirchen nicht.

Niemand sollte Menschen leiten, um davon selbst zu profitieren. Jesus legt uns eine Liebe ins Herz, die leitet, um zu dienen. Allein aus dieser Liebe heraus gestattet er uns, uns für die Rechte der Frauen einzusetzen. Das ist sein Ziel.

Ja, wir fühlen uns ungerecht behandelt und vieles läuft schief. Einige Entscheidungen unserer Gemeindeleiter und einige Worte verletzen. Und sie tun so weh. Sie gehen so unter die Haut und sie machen uns traurig und wütend zugleich. Manchmal denke ich dann in solchen Situationen: »Denen werde ich es zeigen. Ich werde ihnen beweisen, dass ich das kann!« Doch Jesus bringt mich zur Ruhe.

In Jesus treffe ich den, der zuerst den Sturm in mir stillt und dann erst den Sturm um mich herum. Wenn die Schwierigkeiten und die Ungerechtigkeiten von allen Seiten auf mich einprasseln, brauche ich nicht zu verzweifeln. Ich lege demütig meine Rechte ab, und dann erwacht in mir ein ewiges Leben, das auch in Schwierigkeiten und Ungerechtigkeiten glücklich ist. Denn Jesus versteht mich – er selbst wurde ja noch viel ungerechter behandelt als ich. Und er liebte dennoch. Und er liebt mich. Wir brauchen niemandem – nicht uns selbst und nicht der Welt – etwas zu beweisen: Jesus hat uns schon bewiesen, wie sehr er uns liebt. Er hat uns schon frei gemacht. Ob die Menschen um uns herum es sehen oder nicht, ist eigentlich deren Sache. Ich selbst möchte mich herausfordern, mich von dem ungerechten Verhalten, das mir immer wieder im Laufe meines Lebens entgegengebracht werden wird, unabhängig zu machen. Ich möchte mein Ego mit all meinen Rechten sterben lassen. Ich bin frei und geliebt. Und du bist es auch. Unsere Kirchen brauchen keine Frauen, die für ihre Rechte kämpfen. Unsere Kirchen brauchen Frauen, die für Jesus kämpfen. Und dann drängt die Liebe uns, die Welt nicht so zu lassen, wie sie ist. Auch unsere Kirchen nicht.

Möge unser Einsatz weit mehr als ein dröhnender Gong sein!

Sieben

Auf der anderen Seite: Frauen in Entwicklungs- ländern

Welchen Unterschied macht unsere Freiheit für die Frauen auf der anderen Seite der Welt?

———

WAS MEIN HERZ BRICHT

Vor einigen Monaten packte mein Mann die Kinder ein und machte mit ihnen einen Ausflug, damit ich in Ruhe die Wohnung putzen konnte. In anderen Phasen meines Lebens hätte ich die Aufgabe, in drei Stunden eine hundert Quadratmeter große Wohnung in einen sauberen Zustand zu versetzen, sicherlich als eine große Anstrengung empfunden, aber an diesem Tag freute ich mich sehr darauf. Mit zwei Kleinkindern ist der Alltag oft laut, unvorhersehbar und fühlt sich immer etwas außer Kontrolle an. In den nächsten drei Stunden würde ich dagegen nur tun, was ich mir vorgenommen hatte. Ich würde alle Fenster aufmachen, die warme Sommerluft durch die Räume ziehen lassen, würde allen Staub abschütteln und wegwischen und Ordnung ins Chaos bringen. Und während äußerlich in meine Wohnung Ordnung und Frieden einkehren würden, würde das auch innerlich geschehen, denn während ich putze und räume, sortiere ich mich innerlich. Als ich die Küche putzte, hörte ich Musik, im Esszimmer begann ich, über die letzten Stunden, die letzten Tage und die letzten Wochen nachzudenken. Es war turbulent gewesen, ich hatte kaum an mich selbst gedacht, hatte irgendwie vergessen, darauf zu achten, wie es mir eigentlich geht. Ich begann, mich wieder selbst wahrzunehmen und mir zuzuhören. Im nächsten Zimmer stellte ich mir einige große Lebensfragen: Lebe ich das Leben, von dem ich geträumt habe? Verfolge ich meine Ziele? Fülle ich das aus, wozu ich auf dieser Erde bin? Ist das hier Gottes Wille? Bin ich glücklich?

Als Letztes kam ich ins Schlafzimmer und ich sehnte mich danach, jemand anderem als nur mir selbst zuzuhören. Also hörte ich das Hörbuch »At Home in the World« (»In der Welt zu Hause«). Die Autorin sprach von ihrer Zeit in Afrika, in Uganda, dort wo ich mit neunzehn Jahren ein Jahr verbracht hatte. Sie sprach von der wunderschönen Landschaft, den beeindruckenden Tieren, den fremden Gerüchen und der Gastfreundschaft der Menschen. Während ich Betten ausschüttelte und herumliegende Socken aufhob, tauchte ich in diese Welt ein, die so sehnsüchtig in meiner Vergangenheit lag. Ich schwelgte in Erinnerungen an Gerüche, Gefühle und Eindrücke.

Dann kam das nächste Kapitel: Äthiopien. Äthiopien wird in wenigen Monaten unser neues Zuhause für einige Jahre werden. Daher fragte ich mich, welche Unterschiede zwischen den beiden Ländern Tsh Oxenreider wohl beschreiben würde. Doch Oxenreider erzählte zunächst davon, wie sie die Familie ihres Patenkindes besuchten. Wie sie zu einer Kaffee-Zeremonie eingeladen wurden, leckeres Essen aßen und ihre Geschenke überreichten. Der Junge bekam Buntstifte und er lachte über das ganze Gesicht, denn er hatte noch nie in seinem Leben eine Packung Buntstifte besessen. Dieser Moment traf mich ins Herz. Ich setzte mich auf die Kante des frisch bezogenen Bettes und Tränen strömten über mein Gesicht. Gerade war ich durchs Kinderzimmer gegangen und hatte mich über all das herumliegende Spielzeug, all die Tiere, Bälle und Bausteine geärgert. In der Kiste im Regal lagen sicherlich mindestens vier geöffnete Packungen Buntstifte, mit denen höchstens alle paar Wochen einmal gemalt wurde. Und dieser Junge hatte noch nie Buntstifte besessen! Ich ließ mich auf mein Bett fallen und die Tränen spülten mein Make-up auf die frisch bezogenen Bettdecken. Die Ungerechtigkeit dieser Situation zerriss mein Herz. Nicht nur, dass dieser Junge keine Stifte besaß, sondern die ganze Situation, die damit zusammenhing, lief wie ein Film vor meinen Augen ab. Die Mutter des Jungen ohne Buntstifte wusste nicht, ob sie morgen genug Essen für ihre Familie haben würde. Sie hatte sieben Kinder, und wer weiß, wie viele Babys sie schon wegen mangelnder medizinischer Versorgung verloren hatte. Wer weiß, wie viele Kinder sie noch durch die Folgen der Armut verlieren würde. Ihre Lebenserwartung liegt bei 42 Jahren, und sie lebt in einer Lehmhütte, deren staubigen Lehmboden sie wie jede äthiopische Frau jeden Morgen gründlich ausfegt, um danach stundenlang zur nächsten Wasserquelle zu laufen und ihrem Alltag zwischen einem kleinen Job, sieben Kindern und einem Leben am ständigen Limit nachzugehen.

Ich weinte. Über sie, über mich und über diese Ungerechtigkeit, die zwischen uns stand. Meine Tränen spülten die Unordnung aus meiner Seele und brachten die lang ersehnte Ruhe und Ordnung. All meine Probleme, Fragen und Zweifel und all die gefühlte Ungerechtigkeit in meiner Ehe, Familie, Kirche, Gesellschaft und Karriere wurden kleiner und unwichtiger. In den Vordergrund traten all meine Privilegien, meine Ressourcen, meine Fähigkeiten und all der Segen, den ich erlebe. Ich wischte meine Tränen ab und setzte mich wieder auf. Ich drückte auf Pause, denn ich hatte sowieso die letzten zehn Minuten nicht mehr zugehört, seitdem der Junge mit den Buntstiften und seine Mama mein Herz gebrochen hatten. In mir war Frieden, denn ich hatte meine Probleme in Relation gesetzt und meinen Blick für die Welt geweitet, die hinter meinem Horizont lag.

Ich erinnere mich an weitere Momente, in denen mein Herz diesen Schmerz der Ungerechtigkeit fühlte. Ich hatte – abgesehen von meiner eigenen – zum ersten Mal eine Geburt miterlebt. Ich war neunzehn und mit einer schwangeren Frau in Uganda mitten in der Nacht ins Krankenhaus gefahren. Nicht, weil ich die kompetenteste und erfahrenste Begleitung gewesen wäre, sondern die einzige. Ich hatte keine Ahnung, was da auf uns zukommen würde, und mein Herz schlug bis zum Hals. Aber niemand sonst wollte eine vergewaltigte, alleinstehende Frau begleiten, sonst wäre die Schande dieses unehelichen Kindes womöglich noch auf den Begleiter übergesprungen, so der Gedanke. Oder vielleicht wollte niemand den Schmerz dieser Situation aushalten? Niemand wollte dabei sein, wenn eine Mutter dem Kind ihres Vergewaltigers das erste Mal in die Augen sieht und sich entscheidet, es zu lieben. Aber ich durfte dort sein. Musste sehen, wie ein anderes Kind in dieser Nacht im gleichen Raum starb (es gab nur einen Saal für all die entbindenden Frauen), und durfte sehen, wie die kleine Dora lebte. Stark und gesund kam sie auf die Welt in die Arme ihrer Mutter, die sich entschied, sie über alle Hindernisse hinweg zu lieben. Und trotz des Glücks dieses neugeborenen Babys schrie die Ungerechtigkeit zwischen der Situation dieser Mutter und mir am Tag nach der Entbindung meines ersten Kindes zum Himmel. Ich war geplant und ohne Komplikationen schwanger geworden, in Mutterschutz gegangen und lag nun überglücklich in weißen Betten umsorgt von Hebammen, Ärzten und Krankenschwestern mit meinem Mann an meiner Seite und meinem Sohn in den Armen in einem der weltweit besten Krankenhäuser.

Ich erinnere mich auch an den Tag, an dem ich in Afrika das erste Mal Malaria hatte. Sofort wurde ich einiger Bluttests unterzogen und darum gebeten, doch bitte direkt ins Krankenhaus zu fahren. Nicht in das nächste, sondern in das beste des Landes. Ich erinnerte mich an die Wochen, in denen ich den Verantwortlichen vor Ort in den Ohren gelegen hatte, doch bitte das sechs-jährige HIV-kranke Mädchen, das seit Tagen reglos im Bett lag, in ein Kran-kenhaus zu bringen. Doch keine Reaktion. Ihre Situation war so viel drama-tischer als meine vergleichsweise kleine Malariaerkrankung, und doch wurde sie behandelt, als sei ihr Leben weniger wert als meins. Ich wollte damals nicht ins Krankenhaus, denn ich wollte mir nicht eingestehen, dass diese Welt so unendlich ungerecht ist.

Ich erinnere mich, wie ich mit fünfzehn schluchzend auf dem Bett saß und immer und immer wieder Pausen einlegte, weil die Tränen mich am Lesen hinderten, als ich das Buch Wüstenblume von Waris Dirie[123] las. Die Grau-samkeit der Situation der beschnittenen Mädchen brach mir das Herz, und all die Sorgen meiner von Pubertät gequälten Seele, all die Unzufriedenheit mit meiner Lebenssituation, all der Liebeskummer, all die Zukunftsfragen, all die empfundene Ungerechtigkeit von Eltern, Lehrern und Gemeindeleitern wich einem einzigen Wunsch: Das muss aufhören. Ich will etwas unternehmen.

Ich habe mich gefragt, ob ich wirklich all diese schmutzigen, grausamen und unbequemen Fakten über die Ungerechtigkeit der Frauen in den Entwick-lungsländern in dieses hübsche Buch hineinschreiben soll, und mich dafür entschieden. Denn es ist nicht die oberflächliche Schönheit, die uns wirklich frei macht, sondern die Wahrheit.[124] Und die Wahrheit ist auch, dass es nur wenigen Frauen auf der Welt so gut geht wie uns. Fakt ist, dass weltweit jährlich die Genitalien von etwa drei Millionen Mädchen verstümmelt werden, etwa 85 bis 140 Millionen Mädchen und Frauen sind aktuell davon betroffen.[125] Herr Prof. Dr. Hartwig Weber schreibt dazu:

Der Eingriff stellt eine schwere Körperverletzung dar. Betroffene können an den Folgen sterben, viele leiden ein Leben lang daran. Die Genitalverstümmelung wird zu unterschiedlichen Zeitpunkten vorgenommen, mitunter bereits im Säuglingsalter, in anderen Fällen irgendwann im Laufe der Kindheit (meist im Alter zwischen vier und zehn Jahren), vor der Heirat oder während der ersten Schwangerschaft. … Die Verstümmelung der weiblichen Genitalien erfolgt auf unterschiedliche Weisen: Besonders verbreitet ist die Beschneidung der Klitoris, die teilweise oder vollständig entfernt wird. Bei der Exzision werden außer der Klitoris auch die inneren Schamlippen beschnitten. Klitorisbeschneidung und Exzision sind (mit 85 Prozent) die häufigsten Beschneidungsarten von Mädchen und Frauen. Infibulation ist die extremste Form der Verstümmelung weiblicher Genitalien. Sie richtet die größten gesundheitlichen Schäden an. Bei der »Pharaonischen Beschneidung« werden die Klitoris, die inneren Schamlippen sowie die inneren Seiten der äußeren Schamlippen vollständig entfernt. Beide Seiten der Vulva werden sodann mit Dornen aneinander befestigt oder mit Seide oder Katgut zusammengenäht, sodass die übrig gebliebene Haut der äußeren Schamlippen eine Brücke aus Narbengewebe über der Vagina bildet. Ein vollständiges Zusammenwachsen wird durch die Einführung eines Fremdkörpers verhindert, sodass eine kleine Öffnung verbleibt, durch die Urin und Menstruationsblut abfließen können.[126]

Es gibt Kategorien für dieses Unrecht und sachliche Namen und wissenschaft-liche Auseinandersetzungen damit und allein diese Tatsache bricht mir das Herz. Warum gibt es Namen für etwas, was gar nicht existieren sollte?

Aber dies ist nicht das einzige Verbrechen, unter dem Millionen von Frau-en und Mädchen leiden. Nach einer UN-Studie aus dem Jahr 2006 werden jährlich 1,2 Millionen Kinder Opfer von Menschenhändlern, die sie wie eine Ware verkaufen und sie als Arbeitssklaven schuften lassen. 1,8 Millio-nen Minderjährige werden zur Prostitution und Pornografie gezwungen.[127] Die meisten von ihnen sind Mädchen, die eines Tages zu traumatisierten, vergessenen, missbrauchten und von der Gesellschaft verstoßenen Frauen werden, oftmals mit mehreren Kindern von unterschiedlichsten Zuhältern und Freiern und unzähligen Abtreibungen. Der sexuelle Missbrauch fügt ihnen einen traumatischen, oft lebenslangen Schaden zu. Viele Minder-jährige leiden an Geschlechtskrankheiten. Die Kinderprostituierten in Ko-lumbien sind in der Regel nicht nur drogenabhängig, sondern auch aktiv ins Geschäft mit Rauschgift involviert, das den Hauptteil des Gewinns ihrer Zuhälter ausmacht. Wenn Kinderprostituierte in ihre Familien und in die Gesellschaft zurückkehren wollen, müssen sie meist feststellen, dass sie we-gen ihrer »schmutzigen Vergangenheit« diskriminiert, ausgeschlossen und zurückgewiesen werden. Viele verzweifeln, werden depressiv oder begehen Selbstmord.[128] Der Ursprung dieses Geschäfts ist nicht zuallererst die se-xuelle Zügellosigkeit und das Verlangen der Freier, sondern die Armut der Familien, aus denen die Mädchen kommen. Das Leben unter menschenun-würdigen Verhältnissen treibt sie dazu, von zu Hause wegzulaufen, und so laufen sie direkt in die Arme der Menschenhändler, die genau auf verzweifel-te Seelen wie sie warten.[129] Andere werden von ihren Eltern verkauft, um das Überleben der restlichen Familie zu sichern oder um Süchte zu finanzieren. Wieder andere werden im Krieg »rekrutiert«. Fast immer ist die soziale Ungerechtigkeit, die wir mit unserem westlichen Lebensstil unterstützen, der Ursprung dieser Verbrechen Millionen von Frauen gegenüber.

LICHT UND SCHATTEN DES VERGLEICHENS

Hier bin ich also und betrachte das verlaufene Make-up auf meinen frisch gewaschenen Bettlaken. Ich stehe vor dieser Ungerechtigkeit und will mich selbst geißeln. Es darf mir doch nicht so gut gehen! Wie unfair ist denn das bitte? Das schlechte Gewissen überkommt mich, als ich meine Welt und die der miss handelten Frauen gegeneinanderhalte. Und all meine »Erste-Welt-Probleme« scheinen in diesem Moment so unwichtig, als wären sie es nicht wert, überhaupt beachtet zu werden. Wen interessiert denn schon ein übergroßer Kredit, der meine Seele überfordert, wenn ich weiß, dass mein Tageseinkommen dem Jahreseinkommen von Frauen am anderen Ende der Welt entspricht? Und wen interessieren denn bitte depressive Verstimmungen und Uneinigkeiten mit meinem Ehemann, wenn diese Frauen dort gefoltert und missbraucht werden? Wie kann ich mich in meinem Beruf ungerecht behandelt fühlen, wo doch so viele Frauen nicht einmal lesen und schreiben lernen durften?

Aber auch wenn es sich in diesem Moment so anfühlt, als wären alle meine Probleme unwichtig, werden all diese Fragen meines Erste-Welt-Lebens trotzdem am Montag wieder auf meiner Agenda stehen und eine Lösung von mir fordern. Sie werden meine Sorgen und Probleme bleiben, denn ich habe keine anderen. Und sie werden nicht verschwinden, nur weil ich ein schlechtes Gewissen habe, sie zu haben.

Dennoch ist mir vor einigen Tagen wieder deutlich geworden, wie anders Gott über solche Situationen denkt. Ich fühlte mich von einem geliebten Menschen vernachlässigt und alleingelassen. Ich hatte den Eindruck, der Person seien andere Dinge wichtiger als ich, und das machte mich sehr traurig. Also betete ich zu Gott und erzählte ihm von meinen Gefühlen. Nachdem ich ausgeredet hatte, lenkte er meine Gedanken auf eine Situation, die gar nichts mit meinem Problem zu tun hat. Zuerst war ich überrascht, denn ich sah, wie Jesus im Garten Gethsemane betete. Seine Freunde, die er gebeten hatte, in dieser schweren Stunde an seiner Seite zu beten, fand er schlafend vor. Dieser Vergleich sagte mir zuerst: »Ich kenne dieses Gefühl. Ich weiß, wie es dir geht, und ich konnte meinen Freunden vergeben und sie nach dieser Situation wieder lieben, also kannst du das ebenfalls.« Ich wollte direkt antworten: »Ja, was ist schon meine Situation gegen deine. Bei dir ging es um Leben und Tod, bei mir geht es nur um meine Gefühle.« Doch Jesus zeigte mir, dass er mir diese Situation nicht gezeigt hatte, um mir ein schlechtes Gewissen zu machen, sondern um mich zur Liebe zu motivieren. Er zeigte mir, dass er weiß, wie es sich anfühlt, vernachlässigt und vergessen zu werden. Er hatte sich entschieden, seine Freunde zu lieben, obwohl sie ihn vernachlässigt hatten. Jesus fühlte mit mir. Ihm war meine Situation nicht zu klein oder zu unwichtig. Er ist an all meinen täglichen Freuden, Sorgen und Gedanken interessiert. Er liebt mich. Martin Luther sagte: »Nichts ist so klein, Gott ist noch kleiner, Nichts ist so groß, Gott ist noch größer, nichts ist so kurz, Gott ist noch kürzer, nichts ist so lang, Gott ist noch länger, nichts ist so breit, Gott ist noch breiter, nichts ist so schmal, Gott ist noch schmäler, und fortan ist's ein unaussprechlich Wesen über und außer allem, das man nennen oder denken kann.«[130] Luther bringt es auf den Punkt. Es ist und bleibt natürlich eine Spannung, einen gesunden Weg zwischen den eigenen Sorgen und den vergleichsweise dramatischeren Nöten anderer zu finden. Aber die Basis dafür, diesen Weg für sich zu finden, bleibt, dass Gott unsere Probleme und Wünsche ernst nimmt, egal wie klein oder groß sie sind. Er ist niemals mit Besserem oder Wichtigerem beschäftigt, als uns zuzuhören und zu helfen. Er ist hundertprozentig für uns und gleichzeitig hundertprozentig für die Frauen, deren Geschichten unsere Herzen brechen. Er ist eben ein unaussprechliches, unerklärliches Wesen.

Darüber hinaus nutzt er unsere Probleme, um den Frauen auf der anderen Seite ein Segen zu sein. Wir wissen, wie es sich anfühlt, ungerecht von unserem Chef behandelt zu werden, deshalb können wir uns umso besser vorstellen, wie es sich anfühlen muss, von der ganzen Gesellschaft ungerecht behandelt zu werden. Wir wissen, wie es sich anfühlt, als Frau auf der Straße als Sexobjekt wahrgenommen zu werden, deshalb werden wir umso mehr von Mitgefühl gepackt, wenn eine unserer Schwestern ihrer freien Sexualität beraubt, verstümmelt und missbraucht wird. Wir kennen die Gefühle und die Ungerechtigkeit im Ansatz. Und wer weiß, vielleicht sind wir nicht nur zum Selbstzweck frei und auf dem Weg in eine gleichberechtigte Gesellschaft? Wir leben in einer Welt, in der Frauen schon so viele Rechte und Freiheiten haben, dass wir helfen können, anderen Frauen ihre Rechte und Freiheiten zu verschaffen.

Wir dürfen uns entscheiden: Wollen wir dieser ungerechten Realität ins Auge sehen und uns von unserem schlechten Gewissen fertigmachen lassen? Dadurch wird niemandem geholfen. Selbst wenn du dich selbst als Sklavin verkaufen und verstümmeln lassen würdest, nur damit du kein schlechtes Gewissen mehr haben musst, dass es dir besser geht als anderen, wäre niemandem geholfen, dir selbst am allerwenigsten. Wir können den Vergleich aber nutzen, um uns bewusst zu machen, wie gut es uns – trotz unserer täglichen Sorgen – geht. Wir können die Gegenüberstellung von unserer und ihrer Welt nutzen, um unser Herz brechen zu lassen, und unser von Liebe gebrochenes Herz kann die Welt verändern und der Ungerechtigkeit entgegentreten.

Was sollen wir also mit dieser Ungerechtigkeit tun? In mir bäumt sich noch einmal Wut auf. Dieses Mal nicht mehr auf mich selbst in Form eines schlechten Gewissens. Dieses Mal richtet sich die Wut gegen Gott: Warum darf dieses Unrecht existieren? Warum müssen sie so leiden? Stille. Innerlich stehe ich mit erhobener Faust wetternd vor Gott. »Ja, darauf hast du keine Antwort, richtig?«, will ich schon nachschieben. Und dann höre ich, wie Mutter Teresa mir sanft und leise zuflüstert: »Gott hat nicht die Armut erschaffen, er erschuf uns.« Meine Faust senkt und entspannt sich. Ich atme durch. Atme auf. Ja, mein Gott ist ein liebender Gott. Er foltert keine Menschen und quält keine Kinder. Er steht mit erhobener Faust und Tränen in den Augen mit mir vor diesem Unrecht und ruft laut: »Es soll sich etwas ändern!« Mir dämmert, dass mein Leben sowohl der Ursprung dieser Ungerechtigkeit als auch die Lösung dafür sein kann. Floskeln wie »Jeder hat eine andere Begabung, einige sind zu den Armen und Waisen gerufen und andere nicht« riechen nach Gotteslästerung im Angesicht des Lebens dieser Millionen von Frauen. Jede von uns kann sich bewegen lassen und jede von uns kann den Unterschied machen. Wir alle haben eine Stimme bekommen, um anderen eine Stimme zu geben! Nur wie?

> JEDE VON UNS KANN
> SICH BEWEGEN LASSEN UND
> JEDE VON UNS KANN DEN UNTER-
> SCHIED MACHEN. WIR ALLE HABEN
> EINE STIMME BEKOMMEN,
> UM ANDEREN EINE STIMME
> ZU GEBEN!

Interview mit Orla Klippe

Als ich Orla das erste Mal traf, war ich zutiefst beeindruckt von ihr: Sie ist attraktiv, freundlich und authentisch. Besonders bewegt hat mich ihr Bericht über ihr Projekt »Shelter Gambia«[131] kurz nach ihrer Rückkehr aus Gambia – er war voller Frieden, voller Liebe und voller Hoffnung. Obwohl es um Ungerechtigkeit und bewegende Schicksale ging, schien ihr Herz ruhig zu sein. Ich hörte keine Bitterkeit oder Wut in ihren Worten, sondern sie sprach mit Entschlossenheit und voller Liebe. Ich freue mich, sie euch in diesem Interview vorstellen zu dürfen.

Sarah: Orla, hast du manchmal ein schlechtes Gewissen, weil es dir so gut geht?

Orla: Oh ja! Ich finde es beschämend. Ich habe mich schon so oft geschämt, dass es mir so gut geht, nur weil ich das Vorrecht hatte, in der Ersten Welt geboren zu

sein. Ich habe ja nichts dazu beigetragen, und uns geht es nur deshalb so gut, weil es anderen dafür so schlecht geht. Das finde ich schlimm!

Sarah: Fühlst du dich manchmal gelähmt im Angesicht von so viel Ungerechtigkeit, die Frauen auf der ganzen Welt begegnet?

Orla: Auf jeden Fall! Ich erinnere mich, wie ich in Gambia zu den Hilfsstationen gefahren bin und die Trauben von Menschen sah, die dort auf medizinische Hilfe warteten. Ich habe manchmal im Vorbeifahren gedacht: »Meine Güte, was macht das bloß für einen Unterschied, was ich hier mache?« Da musste ich mich immer wieder an den kleinen Jungen am Strand erinnern, der sich auf den einzelnen Seestern konzentriert hat. Ich habe mich dann erinnert: Selbst wenn es nur zwei, drei oder vier Frauen sind, deren Leben ich durch meinen kleinen Einsatz verändern kann, kann ich dennoch das Leben dieser Frauen verbessern und einen Unterschied für sie machen. Das hat mich dann weitermachen lassen.

Sarah: Du hast mehrere Jahre in Gambia gelebt, um dort Frauen mit Inkontinenz in ein neues, gesundes Leben zu helfen. Was hat dich an dem Schicksal dieser Frauen besonders bewegt?

Orla: Ich selbst bin eine Frau und Mutter und kann mich mit ihrem Leben sehr leicht identifizieren. Für mich ist das Leid, das diese Frauen erleben, unvorstellbar: Mehrere Tage liegen sie unter schweren Wehen ohne Hilfe allein und unter Todesangst in einer Hütte, ohne zu wissen, was mit dem Baby los ist. Am Ende dieser schmerzhaften und kräftezehrenden Tortur halten sie ein totes Baby in den Armen. Unterschiedlichste Komplikationen sind die Ursache. Danach haben sie nicht nur ein Baby und ihren Wert als Frau, der in Gambia durch Kinder bestimmt wird, verloren, sondern sind auch noch inkontinent. Sie stinken, können sich nicht kontrollieren, sind sexuell unattraktiv und werden als unrein angesehen. Diese Frauen dürfen nicht mehr für andere – auch nicht für ihre eigene Familie – kochen und nicht am gesellschaftlichen Leben teilhaben. Das ist zu viel für einen Menschen! So viel Unglück sollte niemand tragen müssen.

---

*Sarah: Kannst du mir erzählen, wie das Leben der in-
kontinenten Frauen aussieht?*

Orla: Die Frauen werden von ihren Männern verstoßen. Gambia ist ein muslimisches Land und die Männer heiraten oft schnell eine andere. Ab diesem Zeitpunkt sind die verstoßenen Frauen damit beschäftigt,
sich vor Scham zu verstecken. Sie versuchen, sogar vor
ihrer eigenen Mutter zu verheimlichen, dass mit ihnen etwas nicht stimmt. Meistens sind sie unwissend
und kennen die biologischen Ursachen nicht, und so
glauben sie, sie hätten Dämonen oder würden nun die
Strafen für Fehler der Vergangenheit bekommen. Diese Frauen sind meist einsam und leben ganz allein.
Deshalb wissen die wenigsten Menschen davon, dass
es diese Frauen überhaupt gibt, und kennen somit ihr
Problem nicht. Viele Frauen haben bereits zehn bis
fünfzehn Jahre unter Inkontinenz gelitten, bevor sie
zu uns kommen.

*Sarah: Diese Frauen wurden dann operiert und ka-
men für einige Wochen zur Reha zu dir. Wie hat das
ihr Leben verändert?*

Orla: Nach der Operation und der Reha waren die Frauen geheilt, konnten heiraten und wieder Kinder bekommen. In West-Afrika haben Frauen eigentlich nur eine Daseinsberechtigung, wenn sie Kinder bekommen und für die Familie sorgen können. Unsere Station verließen die Frauen außerdem mit einer Nähmaschine und einem abgeschlossenen Nähkurs, sodass sie Geld verdienen konnten. Daher hatten sie plötzlich einen Nutzen und Ansehen, wenn sie zurück in ihr Dorf gingen, und wurden auch für Männer attraktiv. Die Frauen waren nicht nur wieder sichtbar, sondern hatten wieder Würde, und das hatten sie, finde ich, mehr als verdient!

Sarah: Möchtest du uns noch erzählen, inwiefern dich diese Zeit dort verändert hat? Welche Dinge siehst du jetzt nach deinem Leben in Gambia anders als vorher?

Orla: Die Zeit in Gambia hat mich auf jeden Fall verändert! Ich habe am eigenen Leib erfahren, mit wie viel weniger man auskommen kann. Ich bin an meine Grenzen gestoßen und habe erfahren, was man aushalten kann. Nächtelang saß ich ganz allein im Dunkeln mit nur einer Kerze in meinem Haus – eine Vorstellung, die vorher furchtbar für mich war.

Außerdem habe ich heute eine viel, viel tiefere Dankbarkeit für mein Leben. Viele Dinge habe ich mir in meinem Leben anders vorgestellt, aber diese Umstände dürfen es nie wieder schaffen, mir meine Dankbarkeit zu nehmen. Ich kann vielleicht nicht die ganze Welt verändern und alle Armut abschaffen, aber ich kann wenigstens dankbar sein für das, was ich habe – das ist das Minimum.

Sarah: Das ist sehr inspirierend! Danke, Orla!

UNSERE FREIHEIT IST IHRE FREIHEIT

Sarah Bessey hat mit ihrem Mann den Begriff »Evangelical Hero Complex«[132] (»Evangelikaler Helden-Komplex«) entwickelt. Sie sagt, es würde in den Predigten in unseren Kirchen meistens um die großen Glaubenshelden gehen, die Millionen von Menschenleben verändert haben, und dadurch sei die Messlatte so hoch, dass viele von uns gar nicht erst anfangen, etwas zu verändern. Ich befürchte, sie hat recht. Doch selbst die großen Glaubensheldinnen haben nicht Millionen von Menschen auf einmal geholfen. Mutter Teresa sagt: »Mein Auftrag sind nicht die Massen an Menschen; ich sehe das Individuum an. Ich kann nur eine Person zur Zeit lieben – nur eine, noch eine, noch eine. Also fängst du an. Ich habe angefangen und habe einer Person aufgeholfen. Vielleicht hätte ich niemals zweiundvierzigtausend aufgeholfen, wenn ich nicht mit dieser einen Person angefangen hätte. Das Gleiche gilt für dich, deine Familie, deine Kirche, deine Gesellschaft. Du beginnst mit einer – einer und noch einer.«[133]

Hier sind ein paar Ideen, wie wir das tun können, und ein paar Wege, auf denen ich es liebe, einen Unterschied zu machen:

Wir können offenbarende Frauen sein. Frauen, die im Alltag immer wieder zum Ausdruck bringen, dass all unsere Probleme in Relation mit Problemen von Frauen weltweit gesehen werden sollten. So wie ich in diesem Buch die Fakten aufgeschrieben habe und kein Blatt vor den Mund genommen habe, können wir das auch im Alltag tun. Immer wieder habe ich Gespräche mit Menschen, die einfach nicht wissen, was am anderen Ende der Welt passiert. Aber wir können durch unsere Worte ihre Realität hierherholen. Wir können diese von der Politik, Gesellschaft und weltweiten Gemeinschaft vergessenen, verlassenen Frauen sichtbar machen.

Wir können aufmerksame Frauen sein. Seitdem ich »Straßenpädagogik« studiert habe und dadurch Woche für Woche herzzerreißende Biografien und Fakten von auf der Straße lebenden Kindern an mich herangetragen werden und seitdem ich weiß, dass wir im nächsten Jahr nach Äthiopien ziehen werden, merke ich, wie sich die Gespräche mit meinen Freundinnen verändern. Wir sprechen oft über den Alltag und über die Kinder und unsere kleinen und großen Ängste und Freuden. Doch immer wieder ertappe ich mich in letzter Zeit dabei, wie ich ganz automatisch beginne, darüber zu sprechen, wie gut wir es haben, weil ich gerade gestern erst von einer zwölfjährigen Mutter auf den Straßen Kolumbien gelesen habe. Ich erzähle, wie dankbar ich bin, dass ich weder missbraucht wurde noch beschnitten bin, weil ich erst am Vortag Statistiken darüber gelesen habe, wie viele Frauen das tatsächlich betrifft. Man könnte meinen, dass diese Fakten unseren Gesprächen eine dunkle Decke des schlechten Gewissens überziehen oder dass ich meinen Gesprächspartnerinnen damit das Recht nehme, ihre Sorgen ernst zu nehmen. Aber das Gegenteil ist der Fall. Viele Menschen, denen ich diese Fakten erzähle – eigentlich die meisten –, reagieren zunächst schockiert und überrascht. Doch danach entwickeln sich oft die wertvollsten Gespräche über den wirklichen Lebenssinn, über alles, wofür wir dankbar sein können, und darüber, wie wir einen Unterschied machen können. Unsere Erste-Welt-Probleme-Gespräche bekommen plötzlich eine neue Tiefe, einen weltweiten Horizont und einen viel bedeutsameren Inhalt. Das alles geschieht nicht, weil ich selbst schon wirklich etwas bewegt hätte oder die zweite Mutter Teresa bin, sondern nur, weil ich informiert bin. Denn wovon mein Herz voll ist, davon läuft mein Mund über. Und weil es direkt aus meinem Herzen kommt, tötet es meine Gespräche nicht, sondern belebt sie. Wir können einen Unterschied machen, indem wir unsere Herzen mit der Realität der Frauen am anderen Ende der Welt füttern. Und den Schmerz zulassen. Und den Ekel und die Hilflosigkeit. Wir können unseren Blick zu ihnen wenden, und dann werden wir automatisch von dem erzählen, was wir gesehen haben.

Wir können unseren Einfluss nutzen. Wo auch immer wir Verantwortung tragen, können wir unseren Einfluss zugunsten der Frauen in Gefangenschaft nutzen. Wir Mütter können unseren Töchtern und Söhnen ein Bild von einer großen und ungerechten Welt aufmalen und sie zu mutigen, starken, umsichtigen und emphatischen Frauen und Männern erziehen. Ich hatte eine Schulkameradin, die kannte alle Kontinente, Flüsse, Länder, Hauptstädte und deren Geschichte schon in der Mittelstufe ganz selbstverständlich auswendig. Sie sagte, über ihrem Küchentisch habe immer eine Weltkarte gehangen, und ihre Mutter habe sich mit ihr und ihren Schwestern beim Essen oft über die weite Welt und das, was in ihr geschieht, unterhalten. Wir Leiterinnen und Chefinnen können unsere Teams zu Social Days, Spenden und gemeinsamen Aktionen ermutigen. Was wäre, wenn man über uns einmal sagt: »Sie hat nicht nur uns als Team und unsere Aufgabe gesehen, sondern sie hatte die ganze Welt im Blick«?

Wir können fair konsumieren. Oft sind es nicht die großen Taten, aber ich merke, wie es mein Denken verändert, vorzugsweise fair produzierte Kleidung und Kaffee zu kaufen. Ich habe angefangen, die Näherinnen und Kaffeepflückerinnen in Afrika, Asien und Lateinamerika als meine Nachbarinnen zu sehen. Und plötzlich konnte ich ihnen dieses Leben nicht mehr antun. Ich wusste: »Nicht mit mir. Das nehme ich nicht auf meine Kappe.« Es ist vielleicht ein Tropfen auf den heißen Stein, aber ein Meer besteht auch aus Tausenden Tropfen. Also versuche ich, Secondhand-Kleidung (das schont die Umwelt und den Geldbeutel) oder Fair-Trade-Kleidung zu kaufen und kaufe den Kaffee am liebsten aus dem Direkthandel – der schmeckt sowieso besser! Kleidertausch-partys sind ebenfalls eine gute Möglichkeit, Geld zu sparen, das man dann für die teurere Fair-Trade-Kleidung verwenden kann.

Wir können beten. Unser Gebet verändert nicht nur die Situation am anderen Ende der Welt, sondern auch die in unserem Herzen. Wir geben den Problemen anderer einen Raum in unserem Leben, in unseren Worten und Gedanken und machen sie zum Thema unserer Beziehung mit Gott. Wir machen damit die Anliegen von Jesus zu unseren, und wer weiß, was er dadurch noch mit uns tun wird?

Wir können hingehen. Oft scheint es so, als seien die Leute, die in Entwicklungsländer reisen, um anderen zu helfen, Menschen von einem anderen Stern. Hier schlägt der »Evangelikale Helden-Komplex« richtig zu. Aber das stimmt nicht! Ich werde jetzt zum zweiten Mal nach Afrika ziehen, und ich kann versichern, ich bin ganz normal. Der einzige Unterschied zwischen einem gemütlichen Leben im wunderschönen Hamburg und einem Abenteuer in Äthiopien ist meine freie Entscheidung. Du bist immer nur eine Entscheidung von einem neuen Leben entfernt. Ganz sicher sollten wir nicht alle unsere Heimat verlassen, auch in den deutschsprachigen Ländern gibt es viele wichtige Aufgaben. Aber diejenigen, die sich dazu berufen fühlen, ins Ausland zu gehen, sollten

sich von nichts in der Welt davon abhalten lassen. Es sind nicht die besonderen Menschen, die gehen. Es sind die normalen Menschen, durch die Gott besondere Dinge tut. Und manchmal gehen wir dazu einfach in unsere Nachbarschaft.

Wir können geben. Nicht jede von uns ist dazu berufen, selbst praktisch der Not am anderen Ende der Welt zu begegnen. Aber jede von uns trägt Verantwortung für das, was auf der anderen Seite dieser Erde passiert. Wir alle haben den Auftrag bekommen, gemeinsam über diese Erde zu herrschen[134] und sie zu pflegen, und wir können diese Verantwortung nicht einfach an Leiter und Politiker delegieren. Liebe lässt sich nämlich nicht delegieren. Jede Frau in den Händen von Menschenhändlern ist unsere Verantwortung. Jedes beschnittene Mädchen ist eins zu viel. Jede unterbezahlte indische Schneiderin wird von *uns* nicht besser bezahlt.

Eine Sprecherin auf einer Konferenz zu Menschenrechten gab einmal ein langes rotes Band durch die Reihen der Zuhörer. Von vorn bis in die letzte Reihe wurde das Band immer weiter durchgegeben und abgewickelt und verband am Ende Hunderte Frauen miteinander. Dann sprach sie darüber, wie wir alle zusammenhängen. Nicht nur alle Frauen in diesem Raum, sondern alle Frauen. Auch die in Indien, Äthiopien, Afghanistan, Saudi-Arabien. Wenn sich eine bewegt, spüren es alle. Und wenn eine leidet, leiden alle. Wir können zwar wegsehen und es verleugnen, doch die Wahrheit bleibt: Wer, wenn nicht wir, ist für die Ungerechtigkeit auf dieser Welt verantwortlich? Und wer, wenn nicht wir, kann ihr etwas entgegensetzen? Nicht jede von uns kann selbst gehen. Und es kann nicht eine von uns alles tun. Aber alle von uns können *etwas* tun. Wenn wir nicht wissen, wo wir anfangen sollen, dann können wir beginnen, unser Geld zu geben. Einen Euro zur Zeit – wer weiß, vielleicht werden wir eines Tages nicht persönlich zweiundvierzigtausend Menschen geholfen haben wie Mutter Teresa. Aber vielleicht werden wir zweiundvierzigtausend Euro gegeben haben – einen nach dem anderen.

Und dann können wir uns – so wie wir uns die Ungerechtigkeit vor Augen gemalt haben – den Erfolg vor Augen malen. Ich laufe seit einiger Zeit jedes Jahr beim »Walk for Freedom«, einer Demonstration gegen Menschenhandel und Zwangsprostitution, mit und gebe immer eine kleine Spende an die Organisation, die sich gegen dieses Unrecht einsetzt. Als ich mich zum diesjährigen Lauf anmelden wollte, las ich die Worte von Anna, einer Geretteten und Überlebenden des Menschenhandels: »Ich bin dankbar, dass ich frei bin und wieder die Kontrolle über mein eigenes Leben habe. Ich hätte auch für immer in Gefangenschaft sein können und in Angst und Ekel auf meinen nächsten Auftrag warten können. Danke für alles, was ihr tut.«[135] Ich habe mir dieses Danke einfach einmal persönlich zu Herzen genommen. Ja, ich habe etwas dazu beigetragen. Ich habe gemeinsam mit so vielen anderen Menschen, die sich von dieser Ungerechtigkeit bewegen ließen, etwas getan, um Anna zu retten. Ich habe dieses Geld nicht vermisst und jetzt ist sie frei! Deshalb werde ich weitermachen. Einen Schritt nach dem anderen, einen Euro nach dem anderen, eine Entscheidung nach der anderen. Denn wir sind gesegnet, um ein Segen zu sein, und wir haben eine Stimme, um ihnen eine Stimme zu geben.

Man könnte sich nach diesem Kapitel fragen, warum dieses Buch überhaupt geschrieben wurde. Wenn es uns westlichen Frauen doch eigentlich schon so gut geht, brauchen wir darüber doch keine Bücher mehr, oder? Warum stehen wir weiterhin für die Freiheit von Frauen überall auf der Welt ein? Weil noch nicht alle Frauen frei sind. Weder in Deutschland noch in Europa, in den USA und nicht im Rest der Welt. Nur weil es anderen Frauen schlechter geht als uns, heißt das nicht, dass es hier nichts zu verändern gibt. Gott schreibt unsere gemeinsame Geschichte noch weiter. Er hat noch längst keinen Punkt gemacht – er ist noch nicht am Ende mit uns. Genau dieses große Bild der Frauen auf der ganzen Welt motiviert mich, mich für ein gesundes Verständnis von Weiblichkeit in meinem Land, in meiner Kirche und in meiner Nachbarschaft einzusetzen. Denn unsere Freiheit ist ja nicht Selbstzweck. Je mehr westliche Frauen ihre Berufung erkennen, sich von traditioneller Gebundenheit lösen, Verantwortung tragen und ihren Platz in der Familie, Gesellschaft und Kirche einnehmen, desto häufiger werden die Nöte anderer Frauen in den Vordergrund treten. Wir werden nicht nur zu unserem eigenen Wohl frei, sondern um andere zu befreien.

Acht

Herausfordernde Freiheit: Frauen an ihren Grenzen

Wie gehen wir mit der neu gewonnenen Freiheit um? Wie wird Weiblichkeit heute gelebt?

———

JESUS BRINGT MIR FREIHEIT

Wenn ich mich frage, was wir Frauen heute brauchen, um Weiblichkeit zeitgemäß und vielfältig zu leben, kann ich nur an ein Wort denken: Freiheit! Es ist an der Zeit, dass wir uns von religiösen und gesellschaftlichen Grenzen frei machen, um in der Bestimmung zu leben, die Jesus für uns vorbereitet hat. Es ist Zeit, dass wir zu Frauen werden, die keinen Punkt machen, wo Gott ein Komma setzt. Es wird Zeit, unsere Entscheidungsfreiheit und Vielfalt zu umarmen. Es wird Zeit, Türen zu öffnen, die geschlossen schienen, und Wege zu gehen, die uns vorher verboten wurden zu betreten.

> *So hat uns Christus also wirklich befreit. Sorgt nun dafür, dass ihr frei bleibt, und lasst euch nicht wieder unter das Gesetz versklaven.*
>
> Galater 5,1

Jesus hat uns befreit, damit wir in Freiheit leben, und zwar auf jeder Ebene und in jedem Lebensbereich. Er hat auch unsere Weiblichkeit befreit und erlöst. Sein ganzes Leben, sein Handeln und seine Worte rufen uns diese Botschaft der Freiheit zu. Er macht uns frei von unseren Sünden – dem Bösen, was in unseren Herzen wohnt, und den Fehlern, die wir begangen haben. Er befreit uns davon, für Dinge zu leben, die uns kaputt machen. Die Sucht nach Erfolg, Anerkennung, Wohlstand und Zuneigung regiert viel zu viele Herzen. So oft arbeiten wir Tag und Nacht daran, diese Sehnsüchte zu erfüllen, und doch schaffen wir es nie ganz und gehen auf Dauer daran kaputt. Doch wenn Je-

sus aufs Spielfeld unseres Lebens tritt, füllt er mit seiner Liebe all diese tiefen Löcher in unseren Herzen aus und macht uns frei. Wir sind jetzt nicht mehr von unserer Leistung und dem Verhalten von anderen Menschen uns gegenüber abhängig, sondern schöpfen all unseren Selbstwert, unsere Anerkennung, unsere Bestimmung und unsere Liebe aus Jesus. Er ist nicht nur die Quelle erlöster Weiblichkeit, sondern der ganzen Rettung der Menschheit!

Darüber hinaus hat Jesus uns von religiösen und gesellschaftlichen Grenzen befreit. Immer wieder sehe ich, wie er die menschengemachten Grenzen sprengt – seien es Grenzen, die die Kirche (damals die religiösen Führer des Volkes) gesetzt hat, oder Grenzen, die die Gesellschaft eingefordert hat. Wenn es nicht seinem Verständnis von Freiheit entsprochen hat und Gottes Pläne für die Menschen klein gehalten wurden, hat Jesus diese Begrenzungen einfach für ungültig erklärt.

Jesus vernichtet religiöse Grenzen, als er am Sabbat liebevoll Menschen heilt[136], als er Zöllner und Sünder zu seinen engsten Freunden[137] und einfache Fischer zu seinen begabtesten Predigern macht. Wenn Grenzen Menschen schaden und Gottes Freiheit hindern, dann ist es Jesus egal, dass sie im heiligsten Tempel beschlossen worden sind – sie müssen seiner Freiheit weichen. Genauso stellt er gesellschaftliche Grenzen infrage, als er die Armen und Kranken sieht und ihnen Würde gibt[138] und als er Frauen aufrichtig ernst nimmt und sie in sein Team holt. Er stellt die Grenzen seiner Familie infrage und erweitert und begrenzt sie, wie es ihm gefällt.[139] Er stellt sogar die Naturgesetze infrage, als er auf dem Wasser geht[140], als er ohne Sex gezeugt wird[141] und von den Toten aufersteht[142]. Er nimmt sich die Freiheit, Grenzen zu überschreiten, und scheint sogar richtig Freude daran zu haben.

Und dennoch war Jesus kein zügelloser, zerstreuter Rebell, dem es nur darum ging, immer gegen den Strom zu schwimmen und grundsätzlich erst einmal eine Anti-Haltung einzunehmen – nur so aus Prinzip. Tatsächlich stellt er auch Grenzen auf. Als er wütend die Tische der Händler im Tempel umstößt[143], sagt er damit: Hier seid ihr zu weit gegangen. Ihr tut etwas Falsches! Doch was war seine Motivation? Hatte er einfach eine Wut im Bauch, die rausmusste? Oder war die Wut nur der Ausdruck seiner Liebe? Was war sein Maßstab? Welche Grenzen würde er heute in unserer Gesellschaft und in unseren Kirchen überschreiten und welche würde er neu ziehen? Ich erkenne ein Prinzip in Galater 5: »… gebraucht nicht die Freiheit als Anlass für das Fleisch, sondern dient einander durch die Liebe! Denn das ganze Gesetz ist in einem Wort erfüllt, in dem: ›Du sollst deinen Nächsten lieben wie dich selbst‹« (Galater 5,13-14; ELB). Jesus durchbrach und zog Grenzen aus Liebe. Er befreite uns aus Liebe, damit wir uns selbst und andere wieder lieben können. Freiheit will immer von Liebe regiert werden. Wir sind nicht frei, um grenzenlos zu sein. Wir sind frei, damit die Liebe Raum gewinnt. In dieser Freiheit können wir entdecken, welche Talente und Begabungen wir geschenkt bekommen haben. Wir dürfen entdecken, wozu wir gemacht und bestimmt sind, und können die Liebe so an andere Menschen weitergeben. Denn Freiheit ist niemals nur Selbstzweck, Jesus definierte die Grenzen nicht neu, damit wir weniger Probleme haben, sondern damit wir mehr Liebe haben. Wir müssen in unserer Freiheit nicht selbstsüchtig werden und können stattdessen einander in Liebe dienen und unseren Nächsten lieben wie uns selbst. Was für ein Privileg!

Ja, es ist einfacher, sich an die gewohnten Regeln zu halten und mit dem Strom zu schwimmen. Wir können entweder liberal auf die gesellschaftlichen Einflüsse reagieren und, ohne zu hinterfragen, alles gut finden, was neu und modern scheint. Wir können jedes gestrichene Betreuungsgeld und jede Quotenfrau-Politik und all die sexuellen und körperlichen Ideale, die an uns herangetragen werden, zur Normalität erklären. Oder wir können uns in religiöse Traditionen fallen lassen und – wie eh und je gepredigt – unsere Männer die Verantwortung tragen und die Entscheidungen über unser gemeinsames Leben treffen lassen, uns nach der Geburt unseres ersten Kindes für mindestens zehn Jahre aus dem Berufsleben verabschieden und in dieser Zeit treu die Kinderstunden am Sonntagmorgen leiten. Ich muss zugeben, dass diese beiden Wege auch für mich manchmal attraktiv erscheinen, denn sie sind so einfach, und sie erfordern so wenig Widerstand. Jeweils einer dieser Wege ist meist in den Kreisen, in denen wir uns bewegen, angesehen und akzeptiert und bewegt sich innerhalb der dort gesetzten Grenzen.

Aber was, wenn Jesus uns zu einem zeitgemäßeren, noch größeren, freieren Leben bestimmt hat? Was, wenn wir eine Berufung verspüren, die noch über unser Familienleben hinausgeht? Was, wenn nicht alles, was in unseren Zeitungen steht und auf Facebook gepostet wird, das Beste für uns ist? Was, wenn die Liebe einen weiteren, größeren und freieren Weg für uns bereithält?

UNS VON NEUEN FRAGEN BEWEGEN LASSEN

Deshalb dürfen wir – müssen wir – neue Fragen stellen. In meiner perfekten Welt würden unsere Gesellschaft und unsere Kirchen ihren Frauen diese Fragen stellen: Wozu bist du geschaffen? Womit hat Gott dich begabt? Was wäre möglich, wenn du dein volles Potenzial entfaltest?

Die Gesellschaft würde aufhören, Frauen als sexualisierte, kindergebärende, sozialproduktankurbelnde Leistungsmaschinen zu sehen, und die Kirche würde aufhören, immer wieder ängstlich zu fragen: »Darf eine Frau das denn eigentlich?«

Können wir die Gesellschaft und die Kirchen einfach so verändern? »Natürlich nicht!«, schießt es uns sofort durch den Kopf. Und das stimmt ja irgendwie. Wir können nicht morgen die Weltherrschaft an uns reißen und paradiesische Zustände herstellen. Und dennoch möchte ich uns herausfordern und behaupten, dass wir etwas verändern können. Denn aus wem besteht denn die Gesellschaft? Und wer füllt denn unsere Kirchen? Das sind doch wir! Also lasst uns anfangen, uns selbst zu verändern, denn dann verändert sich auch unser Umfeld. Wie wäre es, wenn wir uns selbst fragen: Wozu bin ich geschaffen? Womit hat Gott mich begabt? Was wäre möglich, wenn sich mein volles Potenzial entfaltet? Wie viel könnte Gott durch mich bewegen?

Dabei dürfen wir die Frage »Darf ich das denn eigentlich?« mal loslassen und ebenso die Frage, was denn unser Umfeld dazu sagen würde. So oft suche ich innerlich nach einem Richtig oder Falsch und frage mich, ob ich die Erlaubnis dazu habe, bestimmte Dinge zu tun oder zu lassen. Mein Kopf durch-

wühlt unterbewusst die Bibel nach klarer Wegweisung, und ich möchte wissen, ob ich dies oder jenes so machen darf. Oder sogar soll! Soll ich arbeiten, obwohl ich Mutter bin? Darf ich ein Buch schreiben und dafür seltener zum Sport gehen? Soll ich lieber meinen Mann unterstützen oder selbst ein Ehrenamt annehmen? Ist es richtig, einen Blog zu schreiben, oder sollte ich die Zeit nicht lieber investieren, um in meiner Kirche zu dienen? Sollte ich mehr für meine Familie da sein, anstatt auch noch zu studieren? Über all diesen Fragen wird mein Leben anstrengend. Meine Gedanken werden schwer, mein Alltag wird ermüdend, und das Aufstehen finde ich täglich schwieriger. Mein ganzes Dasein, meine Weiblichkeit wird zu etwas Belastendem, denn meine Entscheidungen stehen ständig unter Beobachtung und Zensur – oft hauptsächlich unter meiner eigenen. Was wäre, wenn ich, statt dauernd um Erlaubnis zu fragen, anfangen würde zu träumen? Wozu bin ich bestimmt und geschaffen? Was wäre, wenn ich glauben würde, dass mein Potenzial und meine Begabungen dazu da sind, ausgeschöpft zu werden? Nicht immer mit der Frage »Darf ich das denn?« oder »Was denken die anderen darüber?« auf den Lippen, sondern mit der Sehnsucht, zu entdecken, wozu ich geschaffen bin. Das braucht Mut, loszulassen und mich der Freiheit zu stellen.

Vor einiger Zeit saß ich am Strand und sah auf die raue dänische Nordsee. Am Tag zuvor hatte mein zweijähriger Sohn Angst vor den hohen Wellen gehabt, und ich hatte ihm zum Einschlafen aus der Kinderbibel vorgelesen, dass der Wind und die Wellen alle auf Jesu Stimme hören. Jetzt saß ich hier und sah selbst auf die Wellen und auf ihre Macht und ihre unbändige Gewalt, mit der sie auf den Strand knallten. Ich bewunderte ihre wilde Schönheit.

Am nächsten Tag ging ich baden. Es sah einfach zu verlockend aus, und ich genoss den Nervenkitzel, mich in die Fluten zu stürzen. Ich ging zuerst mit den Füßen ins Wasser und spürte die Kälte der Wellen, wie sie ihr Wasser an den Strand spülten. Als ich mit den Knien im Wasser war, musste ich schon etwas genauer auf die Wellen achten, damit sie mir nicht den Boden unter den Füßen wegrissen. Ich ging dennoch weiter. Bis zur Hüfte stand ich im Wasser und die hohen Wellen schlugen teilweise über meinem Kopf zusammen. Ich musste mich mit dem Rücken in sie hineinwerfen, mich durch sie hindurchkämpfen und immer wachsam sein, um nicht komplett von ihnen erfasst zu werden. Ich wollte umdrehen. Fühlte mich dieser Naturgewalt ausgeliefert und Angst überkam mich. Mir wurde bewusst, wie klein ich war und wie groß das Meer ist. Wie weit und unendlich tief. Es ist unkontrollierbar und beängstigend.

Dann erinnerte ich mich an die Worte aus der Kinderbibel: Der Wind und die Wellen hören alle auf die Stimme von Jesus. Mit der nächsten Welle hob ich meine Füße vom Boden und schwamm. Die nächste Welle rollte auf mich zu, türmte sich vor mir auf, drohte, sich zu überschlagen, und wurde aus meiner Perspektive von der Wasseroberfläche unendlich groß. Ich hielt den Atem an, denn ich konnte nicht mehr zurück. »Der Wind und die Wellen gehorchen seiner Stimme«, flüsterte ich mir mutig zu. Und dann ließ ich los. Ich erlaubte mir, zu vertrauen, und erlaubte den Wellen, mich zu tragen, wohin sie wollten. Wohin Jesus sagte. Die Welle rollte dichter heran, erreichte ihren Höhepunkt und hob mich herauf. Sie trug mich empor, ohne dass es mich Kraft kostete. Ich musste nicht mehr kämpfen oder mich der Macht des Wassers entgegensetzen. Ich wurde getragen und konnte vertrauen. Ich badete in seinem Willen. In dem Moment wusste ich, dass es hier um mehr als nur um mich in den Wellen geht. Hier geht es um uns Frauen und um unsere Freiheit.

Mir wurde bewusst, dass es Gott gar nicht die ganze Zeit um richtig oder falsch geht, darum, ob wir etwas dürfen oder ob etwas gesellschaftskonform ist. Es geht nicht darum, immer die Kontrolle zu haben, oder darum, ob wir im Recht oder Unrecht sind. Weder nur mit den Füßen im kalten Wasser zu stehen und es als unangenehm zu empfinden noch bis zur Hüfte im Wasser zu stehen und zu kämpfen, ist, was Gott sich für uns Frauen wünscht. Es geht darum, zu baden. In seinem Willen. Zu vertrauen und sich tragen zu lassen. Es gibt eine zu diesem Bild passende Bibelstelle in Hesekiel 47, die mir sofort einfiel. Hier ist das Wasser ein Symbol für den heiligen Geist. Immer wieder werden in der Bibel und von ihren Auslegern das Wasser und die Wellen als Bild für das Wirken von Gottes Geist beschrieben. Sich ganz in das Wasser – die Leitung des Heiligen Geistes – fallen zu lassen, erfordert Mut. Wir müssen die Kontrolle loslassen. Vielleicht können wir uns von einigen absoluten Theorien und Lehren, die auf exklusive Richtigkeit beharren, aber uns eigentlich kleinhalten, trennen. Denn manchmal stehen wir nur knietief im Wasser, haben vielleicht gute Argumente, sind wir auch gerettet und können mit ganzer Überzeugung sagen, dass wir unser Leben auf Gott ausgerichtet haben und seinen Willen tun wollen. Doch nur knietief in der Freiheit werden wir niemals unser volles Potenzial erreichen. Wenn wir uns nicht in Jesu Freiheit fallen lassen, können wir nicht ganz ausschöpfen, wozu wir geschaffen wurden. Nicht schwimmen. Nicht treiben. Niemals fühlen, wie es sich anfühlt, vom Heiligen Geist durchs Leben getragen zu werden, anstatt aus eigener Kraft für ihn zu kämpfen.

Frauen, die das wagen, fragen nicht mehr: »Darf ich das?«, »Ist das richtig und konform?« Sie haben verstanden, dass es in ihrem Leben viel mehr um ihr Sein geht, um ihre Existenz und darum, das zu erleben, wozu sie geschaffen wurden. Von Gnade zu Gnade. Unangestrengt. Natürlich. Ohne harte Kämpfermienen. Sie fragen stattdessen: »Wozu bin ich hier?« und »Was hat Gott in mich gelegt?« und »Wie kann ich alles ausschöpfen, was mir geschenkt wurde?« Niemand braucht eine Erlaubnis, um das, was Gott ihm geschenkt hat, einzusetzen. Das Geschenk an sich ist die Erlaubnis. Niemand schenkt jemandem ein Fahrrad und verbietet ihm, darauf zu fahren. Geschenke sind da, um genutzt zu werden, und das gilt auch für Fähigkeiten, Talente und Gaben, die Gott schenkt. Alles, was er schenkt, ist dazu da, die Menschen zu lieben und Gott zu ehren.

Aus dieser Perspektive wird die Frage unseres ewigen Streits, der seit Adam und Eva tobt, plötzlich irrelevant. Wer ist wichtiger? Weder Männer noch Frauen. Jeder Mensch ist wichtig. Wenn wir uns von Gottes Geist durchs Leben tragen lassen, verschwindet die Konkurrenz, und wir merken, dass unsere männlichen Mitstreiter stark sein können, ohne dass wir schwach sind. Wir merken, dass wir Frauen kompetent sein können, ohne dass die Männer unwichtig werden. Männer können leiten, ohne dass Frauen schweigen müssen. Frauen können predigen und Männern trotzdem noch genauso viel zu sagen haben. All das wird möglich, weil wir den Mut hatten, uns fallen zu lassen und die Kontrolle an den abzugeben, der weiß, wozu wir gemacht wurden. All das wird möglich, wenn wir Kommas setzen, anstatt Punkte.

MUTIGE FRAUEN

Das Bild der Frau hat sich in unseren Kulturkreisen in den letzten Jahrzehnten mehrfach und rasant verändert. Vor meinem inneren Auge steht nun eine Frau, die Weiblichkeit in unserem Zeitalter neu verkörpert. Diese Frau füllt ihren Beruf mit Wissen, Kompetenz und weiblichen Stärken aus. Sie ist selbstbewusst genug, um andere Frauen neben sich groß zu machen, und gleichzeitig kann sie ihre Sensibilität als Stärke sehen. Sie ist nicht nur klug, sondern kann auch ihren Körper lieben, beschützen und gleichzeitig die Gabe ihrer Schönheit einsetzen. In ihrer Familie ist sie gleichberechtigte Ehefrau auf Augenhöhe mit ihrem Partner, ein sicherer Hafen für ihre Kinder, und dennoch reicht ihr Wirkungsfeld weit über den gemeinsamen Haushalt hinaus. In ihrer Kirche bringt sie sich ein und nimmt durch ihr Leben, ihren Blog und ihre Worte Einfluss auf viele jüngere Frauen, während sie ab und zu Predigtdienste wahrnimmt. Das Geld, das sie verdient, spendet sie gern an Organisationen, die sich gegen Ungerechtigkeit einsetzen. So sieht meine Weiblichkeit zumindest für mich persönlich heute aus – ich glaube, dazu hat Gott mich berufen. Sicher wird sich diese Vorstellung immer wieder einmal ändern und ganz bestimmt werde ich diesem Anspruch viel zu häufig nicht gerecht. Aber ich darf ja träumen, und ich träume, so eine Frau zu sein! Wovon träumst du?

Ziel dieses Buches ist nämlich nicht, eine neue Schablone von »der perfekten Frau« zu entwerfen – dann wären wir ja fast wieder dort, wo wir angefangen haben. Ich hoffe stattdessen, ich konnte einige Schubladen, in die die Gesellschaft und die Religion Weiblichkeit verpackt haben, öffnen und einen Weg zur Freiheit aufzeigen. In dieser Freiheit hat jede von uns die Möglichkeit, sich individuell zu entscheiden. Wichtig ist nicht, dass wir alles anders machen als die vor uns oder dass wir uns alle immer ähnlicher werden, sondern dass jede von uns die freie Wahl hat, ihr Leben nach ihrer persönlichen Bestimmung zu gestalten. Du musst nicht alles erreichen, was möglich wäre, und musst nicht jede Chance wahrnehmen – du darfst dich entscheiden, zu einigen Dingen Ja und zu anderen Nein zu sagen.

Zum Beispiel glaube ich, dass Mütter berufstätig sein dürfen, aber nicht müssen. Wenn es schon immer dein Wunsch war, vierfache Mutter mit einem eigenen Biogemüsebeet zu sein, dann ist das großartig! Du musst keine berufstätige Mutter sein. Aber bestimmt gibt es einige unter uns, die davon träumen, die Welt als Anwältin, Erzieherin oder Unternehmensleiterin zu bereichern. Diese Frauen werden ihre Kinder früher von anderen betreuen lassen und sie sollen die Freiheit dazu haben. Da dürfen wir der Politik und der Gesellschaft noch jede Menge Vielfalt vorleben und ihnen zeigen, dass unsere unterschiedlichen Berufungen auch unterschiedliche Entscheidungen mit sich bringen – und jede von uns in ihrer Bestimmung leben kann.

Wir dürfen in individuellen Ehe- und Familienmodellen leben. Einige von uns teilen sich vielleicht Haushalt und Beruf ganz klar auf und mögen diese Abgrenzung von Verantwortlichkeiten und Aufgaben. Andere machen lieber alles zusammen und teilen sich Haushalt, Kinder und Beruf zu gleichen Teilen auf. Viele von uns neigen wahrscheinlich in unterschiedlichen Lebensphasen zu unterschiedlichen Modellen und probieren aus, was für sie am besten ist. Das ist okay. Wir haben die Freiheit, das zu entscheiden, und müssen dafür niemanden um Erlaubnis fragen. Die Frage ist: Was ist am besten für unsere Ehe und Familie und lassen wir uns von Liebe leiten?

Manche Frauen verbringen sehr gern Zeit damit, ihren Körper zu pflegen und zu trainieren. Sie gehen regelmäßig zum Sport, geben einen relativ großen Teil ihres Einkommens für Mode aus, sind auf dem neusten Stand der Ernährungswissenschaften und gehen kaum ungeschminkt aus dem Haus. Andere lieben es natürlich, tragen nur auf Hochzeiten Make-up und machen jeden Tag Sport, wenn sie mit dem Fahrrad zur Uni fahren. Beides ist okay. Du hast die Wahl.

Wieder andere lassen sich von der sozialen Ungerechtigkeit bewegen und ziehen mit Sack und Pack direkt in die ärmsten Regionen der Welt. Andere trinken fairen Kaffee und spenden das Geld, das sie als Unternehmensberaterinnen verdient haben, um einer ungerechten Verteilung der

Güter entgegenzuwirken. Beides ist toll! Beides ist in Gottes Willen, beides ist von Liebe regiert.

Immer mehr Frauen in unserer Gesellschaft fühlen sich ausgebrannt und überfordert, denn sie haben den Eindruck, dass die neu gewonnene Freiheit sie an ihre Grenzen bringt. Sie glauben, Frauen gehören heute nicht mehr nur hinter den Herd. Sie gehören in die Chefetage, auf die Karriereleiter, in den Kirchenvorstand, auf die Kanzel, auf Bestsellerlisten, in die Politik *und* an den Herd. Sie versuchen, all den Anforderungen in jedem Lebensbereich zu hundert Prozent gerecht zu werden, und schaffen es doch nie. Ich glaube, nicht die Freiheit ist das Problem daran, sondern die Entscheidungen, die wir innerhalb dieser Freiheit treffen. Wenn wir nur tun, was die Gesellschaft oder die Kirche von uns zu erwarten scheint, können wir schnell komplett überfordert sein oder hinter unseren Möglichkeiten zurückbleiben. Dann fühlt es sich immer wieder so an, als seien wir entweder zu viel oder nie genug. Aber wenn wir uns fragen: »Was ist meine Bestimmung? Wozu bin ich da? Wobei geht mein Herz auf? Was möchte ich tun?« und uns dabei von Gottes Geist leiten lassen, dann werden wir automatisch einige Dinge nicht tun. Die können dann andere, die dazu berufen sind, machen. Und in unserer Bestimmung werden sich unsere selbst gesetzten Grenzen immer wieder erweitern, denn wir werden eine ganz neue Energie und Freude am Leben haben und Kraft schöpfen, um noch mehr zu tun, als wir jemals für möglich gehalten haben.

Lasst uns daran glauben, dass wir einem Gott vertrauen, der es liebt, unsere religiösen, gesellschaftlichen und persönlichen Grenzen zu erweitern. Ein Gott, der weiterschreibt, wo wir schon das Ende erwarten. Dieses Buch ist jetzt am Ende angekommen, aber deine und meine Geschichte ist es noch lange nicht. Du darfst entscheiden, wie sie weitergeht.

Segne mich doch und erweitere mein Gebiet! Sei bei mir in allem, was ich tue, und bewahre mich vor allem Kummer und Schmerz!

1. Chronik 4,10

LITERATURLISTE

Baumert, Norbert: Frau und Mann bei Paulus –
Überwindung eines Missverständnisses. Echter 1992.

Beach, Nancy: Die Kunst, als Frau zu leiten. Brunnen Verlag 2013.

Bessey, Sarah: Jesus Feminist – An Invitation to Revisit the Bible's View of Women.
Howard Books 2013.

De Boor, Werner: Der erste Brief des Paulus an die Korinther. R. Brockhaus 1968.

Mack, Cornelia & Stricker, Friedhilde (Hg.): Begabt & Beauftragt – Frausein nach biblischen
Vorbildern. SCM Hänssler 2000.

Ortberg, John: Die Frau schweige? Gaben in der Gemeinde – ein Diskussionsbeitrag.
SCM Hänssler 2004.

Sandberg, Sheryl.: Lean In – Frauen und der Wille zum Erfolg. Ullstein Verlag 2016.

FOTORECHTE

ANMERKUNGEN

1   Teen Vogue (Hg.): FINALLY! Instagram. https://www.instagram.com/p/BbdQTT-vgytY/?taken-by=_stillwerise (Abruf am 14.11.17).

2   1. Mose 38,13-17.

3   Josua 2,1; 6,17-25.

4   K. Traede: Frau. In: RAC 8, 1972. S. 254-256.

5   Vergleiche hierzu den Schöpfungsbericht in 1. Mose 3.

6   Sanz, P.: Frauen im Christentum. S. 3. http://www.cdsf.org/spip/IMG/pdf/Frauen_im_Christentum.pdf (Abruf am 17.12.17); Vgl. 3. Mose 12,1-5; Josua 15,16; 1. Samuel 18,17-19; 2. Mose 20,17.

7   Adam ist hervorgegangen aus adamah, das bedeutet fruchtbare Erde, vgl. Sanz: Frauen, a.a.O., S. 3.

8   Sanz: Frauen, a.a.O., S. 5.

9   Wikipedia (Hg.): Frauenbewegung. https://de.wikipedia.org/wiki/Frauenbewegung (Abruf am 18.12.17).

10   Zinn, H.: A People's History of the United States. Harper Perennial 2005. S. 123.

11   Dohm, H.: Die Antifeministen – Ein Buch der Verteidigung. Ferd Dümmlers Verlagsbuchhandlung 1902. S. 3.

12   Perincioli, C.: Berlin wird feministisch. Das Beste, was von der 68er-Bewegung blieb. Querverlag 2015. S. 126.

13   Sandberg, S.: Lean In – Frauen und der Wille zum Erfolg. Ullstein Verlag 2016. S. 11.

14   Bock, G.: Frauen in der europäischen Geschichte – Vom Mittelalter bis zur Gegenwart. H. Beck 2000. S. 16.

15   Berliner Morgenpost (Hg.): Geschichte des Feminismus. 2011. https://www.morgenpost.de/printarchiv/biz/article104996974/Geschichte-des-Feminismus.html (Abruf am 18.12.17).

16   SWR (Hg.): Starke Frauen. 2017. http://www.ardmediathek.de/tv/NACHTCAFé/Starke-Frauen/SWR-Fernsehen/Video?bcastId=247716&documentId=43603902 (Abruf am 16.12.17).

17   Sandberg, S.: Lean In, a.a.O., S. 12.

18   Sandberg: Lean In, a.a.O., S. 12.

19   Deutscher Bundestag (Hg.): 133. Versammlung der Interparlamentarischen Union vom 17. bis 21. Oktober 2015 in Genf, Schweiz. 2015. http://dip21.bundestag.de/dip21/btd/18/083/1808326.pdf (Abruf am 17.12.17).

20   Europäische Kommission (Hg.): Mitteilung der Kommission an das Europäische Parlament, den Rat, den Europäischen Wirtschafts- und Sozialausschuss und den Ausschuss der Regionen. 2013. http://ec.europa.eu/justice/discrimination/files/com_2013_454_de.pdf (Abruf am 17.12.17).

21   Hegewisch et. al. (2012) und DeNavas-Walt et al. (2011) zitiert nach Sandberg: Lean In, a.a.O., S. 13.

22   Organisation für wirtschaftliche Zusammenarbeit und Entwicklung (Hg.) (2012) zitiert nach Sandberg: Lean In, a.a.O., S. 13.

23   Sanyal, M.: Wie weiter – offene Fragen und neue Positionen. 2008. http://www.bpb.de/gesellschaft/gender/frauenbewegung/35301/wie-weiter (Abruf am 16.12.17).

24   Int. Arbeitsorganisation (2012) zitiert nach Sandberg: Lean In, a.a.O., S. 12.

25   Wyatt (2012) zitiert nach Sandberg: Lean In, a.a.O., S. 12.

26   Spiegel (Hg.): Bevölkerungsstudie – Indien und China droht massiver Frauenmangel. 14.03.2011. http://www.spiegel.de/wissenschaft/mensch/bevoelkerungs-studie-indien-und-china-droht-massiver-frauenmangel-a-750782.html (Abruf am 03.01.18).

27   Gladwell, M.: Blink! Die Macht des Moments. Campus Verlag 2005. S. 238-239.

28   Neon (Hg.): Golden Globes 2018 – Mit diesen zwei Worten stahl Natalie Portman allen die Show. Stern.de 08.01.2018. https://www.stern.de/neon/magazin/golden-globes--mit-zwei-worten-stahl-natalie-portman-allen-die-show-7813490.html (Abruf am 27.01.18).

29   NDR (Hg.): Frauen und die Macht. 2017. 04:00 bis 05:00. http://www.ardmedi-athek.de/tv/Beckmann/Frauen-und-die-Macht/Das-Erste/Video?bcas-tId=26607604&documentId=42695342 (Abruf am 17.12.17).

30   NDR (Hg.): Frauen und die Macht, a.a.O., 09:00 bis 10:00.

31   Fiorina, C.: Mit harten Bandagen. Campus Verlag 2006. S. 45-49.

32   Groll, T.: Führungskräfte – Managerinnen sind optimistischer. 08.04.2013. http://www.zeit.de/karriere/beruf/2013-04/maenner-frauen-chef-fuehrung (Abruf am 31.08.17).

33   Groll: Führungskräfte – Managerinnen, a.a.O.

34   Höhler, G.: Allein unter Wölfen – Warum Männer ohne Frauen Fehler machen. Ullstein Taschenbuch 2006. S. 246-239.

35   Höhler: Allein unter Wölfen, a.a.O., S. 243.

36   Armbrust, J.: Proposals for the Feminine Economy. 2015. https://sister.is/propo-sals-for-the-feminine-economy (Abruf am 31.08.17).

37   Höhler: Allein unter Wölfen, a.a.O., S. 228.

38   Höhler: Allein unter Wölfen, a.a.O., S. 227-228.

39   news networld internetservice GmbH (Hg.): Mütter sind die besseren Manager.

08.05.2002. https://www.news.at/a/muetter-manager-34395 (Abruf am 17.12.17).

40   Höhler: Allein unter Wölfen, a.a.O., S. 220.

41   Höhler: Allein unter Wölfen, a.a.O., S. 223.

42   Höhler: Allein unter Wölfen, a.a.O., S. 227-228.

43   news network internetservice GmbH (Hg.): Mütter, a.a.O.

44   news network internetservice GmbH (Hg.): Mütter, a.a.O.

45   news network internetservice GmbH (Hg.): Mütter, a.a.O.

46   Wikipedia (Hg.): Frauenquote. https://de.wikipedia.org/wiki/Frauenquote (Abruf am 05.09.17).

47   Mundmische (Hg.): Quotenfrau. https://www.mundmische.de/bedeutung/37616-Quotenfrau (Abruf am 05.09.17).

48   XING (Hg.): Stromberg-Interview – »Irgendeiner muss ja die Scheißjobs machen«. 08.09.2014. https://spielraum.xing.com/2014/09/stromberg-interview-irgendeiner-muss-ja-auch-die-scheissjobs-machen (Abruf am 05.09.17).

49   Armbrust, J.: Proposals, a.a.O.

50   Kallauch, J. im Interview mit Danielle Strickland: Heilsarmee-Offizierin – Jesus war ein Feminist. 21.08.2017. https://www.jesus.de/heilsarmee-offizierin-jesus-war-ein-feminist (Abruf am 28.08.17).

51   Gladwell, M.: Blink! a.a.O., S. 238-246.

52   Mack, U.: Unterordnung – das Geheimnis der Liebe. In: Mack, C. & Stricker, F. (Hg.): Begabt & Beauftragt – Frausein nach biblischen Vorbildern. SCM Hänssler 2000. S. 423.

53   Winterhoff, B.: Lydia – die Frau mit einem offenen Herzen und einem offenen Haus. In: Mack, C. & Stricker, F. (Hg.): Begabt & Beauftragt, a.a.O., S. 302.

54   Apostelgeschichte 16,40.

55   Lukas 8,3; Markus 15,41.

56   Voigt, E.: Die Jesusbewegung – Hintergründe ihrer Entstehung und Ausbreitung. Kohlhammer Verlag 2008. S. 112.

57   Corley, K.: Private women. Hendrickson Pub 1993. S. 111.

58   Achilles, O.: Das Lob der tüchtigen Frau. 09.03.2012. https://auslegungssache.at/314/das-lob-der-tuechtigen-frau (Abruf am 03.09.17).

59   Becker, C.: Eine Liebeserklärung an die Super-Frau. Welt/N24 10.05.2015. https://www.welt.de/debatte/kommentare/article140719301/Eine-Liebeserklaerung-an-die-Super-Frau.html (Abruf am 03.09.17).

60   Matthäus 25,14-30; Lukas 19,12-27.

61   Brumfitt, T. und Vincent, A.: Embrace – Du bist schön. Dokumentarfilm 2016. Ab 14:00.

62   Brumfitt & Vincent: Embrace, a.a.O.

63   Meinholz, V.: Frauenkörper – dick, weich, aber gar nicht abstoßend. 21.05.2014. http://www.stern.de/familie/leben/filmprojekt--embrace--frauenkoerper---dick--weich--aber-gar-nicht-abstossend-3181078.html (Abruf am 17.12.17).

64   Kittlitz, A. von: Schönheit – »Unsere ästhetische Wahrnehmung ist immer auf der Lauer«. DIE ZEIT 16/2017. http://www.zeit.de/2017/16/schoenheit-aesthetik-max-planck-insititut-attraktivitaet-forschung/seite-2 (Abruf am 17.12.17).

65   Origenes: Gegen Celsus (Contra Celsum). 3. Jh. http://www.unifr.ch/bkv/kapitel143-74.htm (Abruf am 15.12.17).

66   Harlow, W.: The real difference isn't my skin. Instagram 16.08.2017. https://www.instagram.com/p/BX2_SGSnXwj/?taken-by=winnieharlow (Abruf am 17.12.17).

67   NDR (Hg.): Frauen und die Macht, a.a.O., ab 14:00.

68   NDR (Hg.): Frauen und die Macht, a.a.O., ab 14:00.

69   Voskamp, A.: When You are Broken – The Now-Traumatic Disorder of Everyday Life. 08.08.2013. http://annvoskamp.com/2013/08/when-you-are-broken-the-now-traumatic-disorder-of-everyday-life (Abruf am 17.12.17).

70   1. Mose 1,28

71   Polizeiliche Kriminalprävention der Länder und des Bundes (Hg.): Sexueller Missbrauch von Kindern. http://www.polizei-beratung.de/presse/infografiken/detail/sexueller-missbrauch-von-kindern http://www.polizei-beratung.de/presse/infografiken/detail/sexueller-missbrauch-von-kindern (Abruf am 08.01.2018).

72   Zartbitter e.V. (Hg.): Wie häufig werden Kinder missbraucht? http://www.zartbitter.de/gegen_sexuellen_missbrauch/Muetter_Vaeter/2010_wie_haeufig_werden_kinder_missbraucht.php (Abruf am 08.01.2018).

73   Weber, H.: Der Straßenkinderreport – Kinderprostitution. 2010. http://www.strassenkinderreport.de/index.php?goto=287&user_name= (Abruf am 17.12.17).

74   Weber: Der Straßenkinderreport – Kinderprostitution, a.a.O.

75   WDR: Mutig, missbraucht, mächtig – Die Frauen von Sarajevo. 05.04.2017. http://www.ardmediathek.de/tv/WDR-DOK/Mutig-missbraucht-mächtig-Die-Frauen-/WDR-Fernsehen/Video?bcastId=12877260&documentId=42003342 (Abruf am 17.12.17).

76   Bos, E., Senigalliesi, L.: »Vor den Augen meines Sohnes«. Die Welt 07.07.2005. https://www.welt.de/print-welt/article681044/Vor-den-Augen-meines-Sohnes.html (Abruf am 05.03.17).

77   Spies, G. M.: Sexual abuse. Dynamics, assessment and healing. Van Schaik Publishers 2006. S. 6.

78   Anderson, H.: Humble Roots – How Humility Grounds and Nourishes Your Soul. Hörbuch. Christianaudio 2017. Kapitel 6, 21:23.

79   Wikipedia (Hg.): Billy-Graham-Rule. https://en.wikipedia.org/wiki/Billy_

Graham_rule (Abruf am 01.02.18).

80   Anderson, H.: Humble Roots, a.a.O., Kapitel 6, 28:00.

81   Paid – Pornoaufklärungsinitiative Deutschland e.V. (Hg.): Homepage. www.paid-verein.de (Abruf am 08.01.2018).

82   Textor, M.: Das Kita-Handbuch. Erziehungspartnerschaft mit Eltern unter Dreijähriger. http://www.kindergartenpaedagogik.de/2084.html (Abruf am 17.12.17).

83   Müller-Lissner, A.: Studien zur Krippenerziehung – Großer Stress für kleine Kinder? Tagesspiegel online 07.05.2012. http://www.tagesspiegel.de/wissen/studien-zur-krippenerziehung-grosser-stress-fuer-kleine-kinder/6596238.html (Abruf am 17.12.17).

84   Müller-Lissner: Studien zur Krippenerziehung, a.a.O.

85   Müller-Lissner: Studien zur Krippenerziehung, a.a.O.

86   Textor: Das Kita-Handbuch. Erziehungspartnerschaft, a.a.O.

87   Textor: Das Kita-Handbuch. Erziehungspartnerschaft, a.a.O.

88   Bible Hub (Hg.): Chayil. http://biblehub.com/hebrew/2428.htm (Abruf 30.01.18).

89   Bessey, S.: Jesus Feminist – An Invitation to Revisit the Bible's View of Women. Howard Books 2013.

90   Kassner, K.: Väter heute – Leitbilder, Lebensrealitäten und Wünsche. Bundeszentrale für politische Bildung 02.06.2014. http://www.bpb.de/politik/innenpolitik/familienpolitik/185323/vaeter-heute?p=all (Abruf am 17.12.17).

91   Sandberg: Lean In, a.a.O., S.14.

92   Fischhaber, A.: Acht Grafiken zur Ehe – Kann Heiraten gut gehen? Süddeutsche Zeitung 15.05.2015. http://www.sueddeutsche.de/leben/acht-grafiken-zur-ehe-kann-heiraten-gut-gehen-1.2477048 (Abruf am 17.12.17).

93   Fischhaber, A.: Acht Grafiken zur Ehe, a.a.O.

94   Statista (Hg.): Zusammengefasste ehedauerspezifische Scheidungsziffer in Deutschland von 1990 bis 2016. https://de.statista.com/statistik/daten/studie/433949/umfrage/ehedauerspezifische-scheidungsziffer-in-deutschland (Abruf am 04.01.2018).

95   43,6 Jahre bei Frauen, 46,6 Jahre bei Männern; Statistisches Bundesamt (Hg.): Eheschließungen, Ehescheidungen, Lebenspartnerschaften. 2017. https://www.destatis.de/DE/ZahlenFakten/GesellschaftStaat/Bevoelkerung/EhenLebenspartnerschaften/EhenLebenspartnerschaften.html;jsessionid=055BAD8EC48D-C84E538F68C3F815BDED.cae3 (Abruf am 17.12.17).

96   Statistisches Bundesamt (Hg.): Eheschließungen, Ehescheidungen, Lebenspartnerschaften, a.a.O.

97   Baumert, N.: Frau und Mann bei Paulus – Überwindung eines Missverständnisses. Echter 1992. S. 201.

98 »Ische« bedeutet »Mädchen, junge Frau«, vgl. Duden online (Hg.): Ische. https://www.duden.de/rechtschreibung/Ische (Abruf am 04.01.2018).

99 Mack: Unterordnung, a.a.O., S. 426.

100 Mack: Unterordnung, a.a.O., S. 421.

101 Baumert: Frau und Mann bei Paulus, a.a.O., S. 202.

102 Baumert: Frau und Mann bei Paulus, a.a.O., S. 197.

103 Baumert: Frau und Mann bei Paulus, a.a.O., S. 198.

104 Mack: Unterordnung, a.a.O., S. 424.

105 Ortberg, J.: Die Frau schweige? Gaben in der Gemeinde – ein Diskussionsbeitrag. SCM Hänssler 2004. S. 15.

106 Mack: Unterordnung, a.a.O., S. 420.

107 Jacobs, C.: Frauen – Gottes Auserwählte. Aufbruch Verlag 1999, S. 219.

108 Anmerkung: An dieser Stelle möchte ich betonen, dass ich Menschen mit dieser oder ähnlicher theologischer Auffassung weder ihre guten Motive noch ihre Rettung abspreche. Als reife Christen sollten wir es aushalten, uns zu diesen Themen auch mit Geschwistern zu unterhalten, die anderer Meinung sind. Einige meiner Freunde teilen die genannten theologischen Überzeugungen, und ich finde es wichtig und nötig, diese Themen zu thematisieren, ohne dass unsere Beziehungen darunter leiden.

109 De Boor, W.: Der erste Brief des Paulus an die Korinther. R. Brockhaus 1968, S. 248.

110 Baumert: Frau und Mann bei Paulus, a.a.O., S. 226.

111 Baumert: Frau und Mann bei Paulus, a.a.O., S. 227.

112 Baumert: Frau und Mann bei Paulus, a.a.O., S. 229.

113 Anmerkung: z.B. bei Speisung der 5 000 (Matthäus 14,21).

114 Lukas 8,3.

115 Ortberg, J.: Die Frau schweige? a.a.O., S. 15.

116 Bessey: Jesus Feminist, a.a.O., S. 11.

117 Stackhouse, J. G.: Finally Feminist – A Pragmatic Christian Understanding of Gender: Why Both Sides are wrong – and right. Baker Academic 2005. S. 85.

118 Beach, N.: Die Kunst, als Frau zu leiten. Brunnen Verlag 2013.

119 Ortberg, J. zitiert nach Beach: Die Kunst, a.a.O., S. 13.

120 Aproth, R.: 55 Things Only Christian Women Hear. 2017. https://www.cbeinternational.org/blogs/55-things-only-christian-women-hear (Abruf am 17.12.17).

121 Lindsay, D.: Frauenkonferenzen der Superlative. Joyce 2016, 3. SCM Bundes-Verlag. S. 54-59.

122 GraceLaced (Hg.): the blog. https://gracelaced.com/blogs/blog (Abruf am 24.01.18).

123 Dirie, W.: Wüstenblume. Knaur TB 2007.

124   siehe Johannes 8,32.
125   Weber, H.: Genitalbeschneidung bei Mädchen (Female Genital Mutilation, FGM). 2011. http://www.strassenkinderreport.de/index.php?goto=388&user_name= (Abruf am 24.01.18).
126   Weber, H.: Genitalbeschneidung bei Mädchen, a.a.O.
127   Weber: Der Straßenkinderreport – Kinderprostitution, a.a.O.
128   Weber: Der Straßenkinderreport – Kinderprostitution, a.a.O.
129   WDR: Albtraum im Märchenland – Moderne Arbeitssklavinnen in Dubai. 07.02.2017. http://www.ardmediathek.de/tv/Doku-ONE/Albtraum-im-Märchen-land-Moderne-Arbeit/ONE/Video?bcastId=13980890&documentId=38237982 (Abruf am 15.09.17).
130   Zitiert nach: Schorlemmer, F.: In der Freiheit bestehen. Aufbau Verlag 2004. S. 212-213.
131   Shelter Gambia (Hg.): Homepage. www.sheltergambia.com (Abruf am 08.01.18).
132   Bessey: Jesus Feminist, a.a.O., S. 154.
133   Ritter, C.: Mother Teresa – Humanitarian & Advocate for the Poor. ABDO Publishing Company 2011. S. 51. Übersetzung durch die Autorin.
134   1. Mose 1,28.
135   A21 (Hg.): Homepage. http://www.a21.org/index.php?site=true (Abruf am 15.09.17).
136   Markus 3,1-6.
137   Markus 2,16.
138   nachzulesen beispielsweise in Markus 1, ab Vers 32.
139   Markus 3,20-21; 31-35.
140   Markus 6,45-52.
141   Lukas 1,26-38.
142   Markus 16,9.
143   Matthäus 21,12.

Debora Sommer

Die leisen Weltveränderer
Von der Stärke introvertierter
Christen

Klappenbroschur, 13,5 x 21,5 cm,
336 Seiten, Nr. 395.828,
ISBN 978-3-7751-5828-2

Ungefähr die Hälfte aller Menschen ist introvertiert. Dennoch werden häufig Persönlichkeitsmerkmale von Extrovertierten als positiver dargestellt - auch und gerade im christlichen Kontext. Als Folge fühlen sich Introvertierte oft unzulänglich und ziehen sich noch stärker zurück. Dabei übersehen nicht nur sie selbst, sondern auch andere, welche bedeutenden Stärken und Fähigkeiten sie einbringen können. Debora Sommer zeigt, wie Introvertierte ticken und welchen Beitrag sie in dieser Welt und ihren Gemeinden leisten können.

Bitte fragen Sie in Ihrer Buchhandlung nach diesem Buch!
Oder schreiben Sie an: SCM Hänssler in der SCM Verlagsgruppe GmbH, D-71087 Holzgerlingen;
E-Mail: info@scm-haenssler.de; Internet: www.scm-haenssler.de

Babbie Mason

Weil ich weiß, wer ich bin!
30 Wahrheiten Gottes für mein Leben

Gebunden, 12,5 x 18,7 cm,
160 Seiten, Nr. 395.833,
ISBN 978-3-7751-5833-6

Die bekannte Gospel-Sängerin hat 30 biblische Wahrheiten zusammengestellt, die man täglich glaubensvoll aussprechen kann. Bibelverse, mutige und glaubensbasierte Statements zur eigenen Identität, Gebete sowie Entscheidungsimpulse in jeder Andacht helfen, das Denken über sich selbst und andere zu verändern und die Freiheit, Würde, Kraft und Freude zu erleben, die Gott für jede Frau bereithält. Wer seine Identität in Christus entdeckt hat, geht selbstbewusster und mutiger durchs Leben - und wird Segensspuren hinterlassen!

Bitte fragen Sie in Ihrer Buchhandlung nach diesem Buch!
Oder schreiben Sie an: SCM Hänssler in der SCM Verlagsgruppe GmbH, D-71087 Holzgerlingen;
E-Mail: info@scm-haenssler.de; Internet: www.scm-haenssler.de